SALUD HOLÍSTICA EN EL SER HUMANO

AUTOCUIDADO EN ESPÍRITU, ALMA Y CUERPO

NATHALEE TORRES

Salud Holística en el Ser Humano

Primera edición: octubre 2022

Copyright © 2022 por Nathalee Torres

Producción editorial: Ediciones Borra de Café

SALUD HOLÍSTICA EN EL SER HUMANO

DEDICATORIA

Dedico este libro a todos ustedes, los que como yo, trabajan a diario por auto cuidarse y ser mejores hijos de Dios. "Trabaja para ser mejor que ayer" es un decir que respaldo con mi vida como testimonio. Dios en su misericordia me enseña diariamente lo que como hija debo trabajar para parecerme más a Él. Dejo este legado a mis hijos, primeramente, donde sea que se encuentren, para que siempre recuerden la importancia de cuidarse y amarse. Que sepan que en la obediencia a Dios serán prosperados y que deben amar a otros en el cumplimiento de los mandamientos de Jesús. A todas las personas que posteriormente tengan oportunidad de leer y practicar lo que compartiré en las siguientes páginas, les deseo lo mejor. ¡No se rindan!

AGRADECIMIENTOS

Le doy gracias a Dios por su misericordia en mi vida y en la de mi familia. Por todo lo que he aprendido en mi corto tiempo de vida. Gracias al sacrificio de Cristo es que me encuentro hoy aquí; gracias a su muerte y resurrección. Gracias al Espíritu Santo por su guía, enseñanza, recordatorio y consolación. Gracias a mi familia por su paciencia y palabras en medio del proceso de la creación del libro, como de los errores cometidos. Gracias a mis mentores, Pastor Carlos Alberto Rodríguez Morales y Pastor Xionell Forty Gálvez por lo que me han enseñado y porque me han motivado a seguir modelando el carácter de Jesús en la tierra. Gracias a todas las personas que han aportado un granito de arena para animarme y apoyarme a no rendirme y a seguir perseverando. Gracias a todos ustedes que lean y compartan el tesoro del autocuidado con otros.

ÍNDICE

PRÓLOGO

RVDO. CARLOS A. RODRÍGUEZ

"Y que el mismo Dios de paz los santifique por completo; y que todo su ser, espíritu, alma y cuerpo, sea preservado irreprensible para la venida de nuestro Señor Jesucristo." 1 Tes.5:23.

Prepárate, pero prepárate bien. Todo verdadero cristiano comprometido con el reino, entiende que el tiempo del regreso de Jesús está cada día más cerca y por eso te tienes que preparar.

El regreso de Cristo es inminente, sin embargo, mientras ese evento se da, **¿Cuan balanceada está tu vida? ¿Cómo te ves en tu ser integral**? Nosotros los seres humanos fuimos creados de manera especial. Dios mismo con sus propias manos nos diseñó y nos formó a su propia imagen, pero algo peculiar hizo en nosotros: su diseño fue uno de carácter holístico.

Nathalee a través de las páginas de esta pequeña obra literaria, nos lleva paso a paso por tres áreas importantes de nuestra vida que producen un balance en cada persona que desea vivir una vida productiva y eficaz.

Salud Holística en el Ser Humano nos narra una forma balanceada para que nosotros podamos tener una compresión adecuada de cómo experimentar bienestar en nuestra vida a través del autocuidado.

Como verán a través de cada capítulo de esta obra, se describe la importancia de tener una mejor compresión de cada área dentro de la salud.

El autocuidado debe comprenderse desde cada una de las dimensiones que nuestro creador diseñó. El apóstol Pablo plasmó con su pluma dicha compresión sobre el autocuidado a través de una de sus cartas *"... y todo vuestro ser, espíritu, alma y cuerpo, sea guardado..."* I Tes. 5:23.

Nathalee nos va llevando paso a paso para que nos detengamos en esta vida de tanta oferta y demanda y podamos reflexionar sobre nuestro caminar. El mundo nos lleva por un rumbo muy acelerado y cada día hace que nuestra vida no tenga descanso.

Es por eso que te invito a que te detengas y recibas esta enseña, toma nota de lo que Dios constantemente nos advierte, se sensible a su voz y deja que Nathalee a través de esta hermosa obra que Dios puso en su corazón, te pueda ministrar.

Todos nosotros necesitamos comprender lo importante que es nuestra salud y que, para que sea efectiva, debes aspirar a tener un balance de carácter holístico, esto es, "todo nuestro ser, espíritu, alma y cuerpo".

¡Que Dios te bendiga!

INTRODUCCIÓN
¿QUÉ ES LA SALUD?

~

Según la Organización Mundial de la Salud (OMS) se refiere a *"un estado de completo bienestar físico, mental y social, y no solamente la ausencia de afecciones o enfermedades"*. Esta definición es muy interesante ya que no solo expone que la falta de salud es cuando existe alguna alteración leve o grave en el ser humano, sino también cuando a nivel interno y/o externo, no se presenta equilibrio. En adición a esta definición que ofrece la ciencia, es importante reconocer que también nos afectamos en la salud espiritual, cuando no tenemos una relación íntima de conexión con Dios. Así que, dicho de otra manera, en ausencia de salud, persiste la enfermedad.

El ser humano es un ser tripartito que se compone de Espíritu, Alma y Cuerpo. Cuando en la Biblia nos dice que somos templo y que el Espíritu de Dios habita en nosotros, debemos tener en cuenta que debemos cuidar todas las partes, puesto que cuando Jesús venga por su iglesia, no solo se llevará el alma, o el espíritu o el cuerpo, sino que toda la obra santificadora de Dios en nuestra vida implica trabajar todas las partes. Dios trabaja con lo que para nosotros es imposible y nosotros trabajamos lo posible. Debemos cuidar esta perfecta maquinaria en la cual Dios nos colocó para evitar tener que pedir por milagros si nos descuidamos y, lo más importante de todo, poder cumplir su misión aquí en la tierra. La Biblia nos invita a que las tres áreas de nuestra vida sean halladas sin culpa, irreprochable e irreprensible. Por tanto, te invito a que realices un análisis, un chequeo de rutina, una introspección para que evalúes qué tienes y qué te hace falta transformar. ¡Así Dios nos ayude!

Son muchas las razones que podríamos mencionar al momento de hablar sobre mantener un autocuidado adecuado. Sin embargo, no todas se enfocan en los objetivos correctos. En una ocasión, tuve la oportunidad de preguntarle a una de las ancianas de la iglesia qué era lo que consideraba más importante en su vida. Sin dudarlo, respondió rápidamente "salud". Luego me explicó que su contestación fue basada en las experiencias de algunos de sus amigos que, aún teniendo el dinero suficiente para "disfrutar" la vida, no tenían salud, pues estaban encamados y enfermos. En lo personal, pienso que debemos mantenernos enfocados en llevar un estilo de vida saludable con el propósito de cumplir con la obra de Dios: cuidar el templo que nos es dado mediante el cuerpo, y ser obedientes a su llamado.

En el año 2016, decidí estudiar enfermería, pues pensaba que sería la carrera perfecta para cumplir con los propósitos de Dios, al servir a otras personas en sus momentos más vulnerables. De esta manera, dentro de la enfermedad, ellos podrían ver en mí compasión, empatía, amor y ver a Jesús abrazándoles. Pensaba además que por ser blanco el uniforme, podría ser, simbólicamente, como un ángel para el moribundo. Estaría ayudando a las personas de manera holística, no solo ejerciendo mi profesión como enfermera con los conocimientos técnicos para trabajar con una situación particular, sino también como creyente trabajando el área espiritual de la persona.

Una vez comenzando esta travesía, la primera clase tenía como enfoque la anatomía y fisiología humana. En ese momento, no dudé ni un segundo en que aquella era la dirección que me hacía falta.

"*¡Este es el lugar donde debo estar!*", pensé. El cuerpo humano es tan perfecto que me pregunto cómo pueden haber personas incrédulas que no confían en la existencia misma de un Ser Supremo. No se pueden comparar las cosas físicas y tangibles con las cosas espirituales e intangibles.

Desde ese momento, Dios me comenzó a mostrar el camino hacia el entendimiento de cómo educar a las personas dentro de este enfoque holístico, para un mejor manejo del cuidado del ser humano. Como enfermera/o, aprendes que debes cubrir todas las necesidades, desde las más básicas según muestra Abraham Maslow en sus teorías, hasta las más complejas para lograr la autorrealización. En la Biblia podemos verlo en Jesús, cuando en Lucas 2:52 la palabra nos dice *"Y Jesús crecía en sabiduría y en estatura y en gracia para con Dios y los hombres"*, así que el crecimiento debe ir de la mano junto con el desarrollo de manera holística. También se da otro ejemplo en la carta del Apóstol Pablo a Tesalónica en 1 Tesalonicenses 5:23 cuando dice *"Y el mismo Dios de paz os santifique por completo; y todo vuestro ser, espíritu, alma y cuerpo, sea guardado irreprensible para la venida de nuestro Señor Jesucristo"*.

Para tener santificación holística deben estar cubiertas todas las partes. Podemos ver el ejemplo en las tres tentaciones que superó Jesús en el desierto antes del comienzo de su ministerio y que corresponden a su espíritu, alma y cuerpo; la parte humana de Jesús.

 Para crecer espiritualmente, la carne debe menguar.

La primera tentación de Jesús se encuentra en Mateo 4: 3-4 cuando dice *"Y vino a él, el tentador, y le dijo: Si eres Hijo de Dios, di que estas piedras se conviertan en pan. Él respondió y dijo: "Escrito está: No solo de pan vivirá el hombre, sino de toda la palabra que sale de la boca de Dios"*. Esta tentación hace referencia a su necesidad fisiológica y a la dificultad de resistirla puesto que era una necesidad verdadera, más allá de la glotonería o la ansiedad. Aún así, Jesús aguantó.

La segunda tentación se encuentra en Mateo 4:5-7 que nos dice*"Entonces el diablo le llevó a la santa ciudad, y le puso sobre el pináculo del templo, y le dijo: Si eres Hijo de Dios, échate abajo; porque escrito está: A* *sus ángeles mandará cerca de ti y, en sus manos te sostendrán, para que no tropieces con tu pie en piedra. Jesús le dijo: "Escrito está también: No tentarás al Señor tu Dios".* Aquí se hace referencia al aspecto espiritual.

No se de qué manera puedas estar siendo tentado en el aspecto espiritual, pero lo que sí te puedo asegurar es que satanás tiene envidia y celos del amor de Dios hacia nosotros y de lo que tiene planeado para nuestras vidas. Es por eso que hará todo lo posible para hacerte caer y que creas que la Biblia es una mentira. Tratará de jugar con tu parte espiritual, utilizando la propia palabra del Señor a su favor. Es por esto que es tan importante conocer la Palabra porque son las únicas balas o espada para defendernos en medio de la batalla espiritual. Así que, parte del autocuidado en términos espirituales, es retomar la relación con Dios sentándonos a leer la Biblia y escudriñar las escrituras para permanecer firmes cuando culmine la guerra espiritual.

La tercera tentación se encuentra en Mateo 4:8-10 cuando dice *"Otra vez le llevó el diablo a un monte muy alto, y le mostró todos los reinos del mundo y la gloria de ellos, y le dijo: Todo esto te daré, si postrado me adorares. Entonces Jesús le dijo: Vete, satanás, porque escrito está: Al Señor tu Dios adorarás, y a Él solo servirás".* Esta tentación hace referencia al alma, lugar donde se encuentra la emoción y el pensamiento. Jesús sabía que la naturaleza pecaminosa estaba inclinada a amar los deseos de gloria, los deseos de la carne, así que sabiendo esto resistió no postrarse ante satanás, a quien habían expulsado por estas mismas razones.

Jesús venció toda tentación y se mantuvo firme por amor a nosotros, para salvarnos y ser el sacrificio perfecto. Satanás intentará tentarnos en todas las áreas de nuestra vida, pero nos corresponde a cada uno de nosotros perseverar y resistir. Permanecer en guardia cuando vengan tentaciones de alimentos o necesidad fisiológica, porque intentará provocarnos de manera espiritual. Y como no sabemos a ciencia cierta de qué manera intentará vencernos, es que debemos mantener un autocuidado en todas las áreas de nuestra vida, para que seamos fortalecidos en el proceso y reconozcamos nuestras debilidades para que Dios se glorifique. Pidamos discernimiento, porque aún la tentación viene del más cercano a nosotros. Puede también utilizar a alguien de nuestra propia familia que no tenga la mirada enfocada en los ojos de Jesús y piense estar en lo correcto.

Lo importante es que debemos estar conscientes que de cualquiera de las formas podemos pecar y caer en tentación. Así que es importante mantenernos firmes y enfocados en autocuidarnos para protegernos de ellas. Dios hará la obra en la glorificación del cuerpo final, pero debemos hacer lo que nos corresponde a nosotros, ya que daremos cuentas a Dios. Lamentablemente hoy día vemos que esto ha ocasionado un gran problema en muchas de las instituciones. En los hospitales, muchas veces se olvidan de que trabajan con un ser holístico y que además del tratamiento del cuerpo que les brindan deben planificar un cuidado espiritual y del alma, y de procesos mentales y emocionales en sus respectivas condiciones, para de esta manera llegar a la restauración.

En los centros de salud mental, se olvidan muchas veces de que algunos alimentos pueden alterar la salud mental y la falta de ejercicio también, como de la misma forma eliminan el poder de las cosas espirituales o demonios. En las congregaciones, por su parte, muchas veces lo espiritualizan todo y eliminan la posibilidad de un defecto neurológico por químicos del cerebro, como de la misma forma se olvidan de que el cuerpo hay que cuidarlo a través de la alimentación y del ejercicio físico; la falta de cuidado puede afectar al ser humano en su totalidad.

Hoy día podemos observar que aún en las distintas instituciones tenemos personas al servicio que no tienen autocuidado y que pretenden proveer enseñanzas que desconocen si funcionan o no porque no lo han practicado en su vida o, en última instancia, no les interesa el mismo. Vemos médicos que prohíben el cigarrillo a sus pacientes por la incidencia al cáncer, sin embargo, en su hora de almuerzo es lo primero que hacen: fumar. Y como éste podría seguir mencionando otros especialistas tales como el cardiólogo, psicólogos, psiquiatras, entre otros. Vemos también líderes religiosos diciendo que no podemos ponernos de pie en un altar y predicar porque fumamos o bebemos alcohol, sin embargo, cuando se acaba el servicio, se van a beber Coca Cola y comer alimentos que son perjudiciales para la salud.

Mi enfoque en este libro no es juzgar pues, estaré en la misma posición el día del juicio y se conscientemente lo difícil que son las distintas circunstancias a las que nos podemos enfrentar en la vida y que nos hacen perder el equilibrio del cuerpo humano interna y externamente. Pero lo importante es crear conciencia de la importancia del cuidado que debemos tener y lo que implica. Solo de esta forma podremos hacer frente a todo tipo de adversidad que podamos enfrentarnos con la ayuda sobre todo de nuestra comunión íntima con Dios, y eso es lo que quiero transmitir al escribir éstas páginas. Como hijos de Dios, también somos hermanos de un mismo cuerpo que vamos hacia un mismo fin, y nos alentamos cuando nuestras fuerzas se debilitan demasiado, pero no es motivo suficiente para no hacer por ti mismo lo que sabes que debes hacer.

Te animo a realizar tu autocuidado holístico y a que no te rindas. Es un proceso para toda la vida y cuesta trabajo, pero se puede lograr. ¡Levántate y sigue adelante!

 Nadie hará por ti, lo que debes hacer tú mismo/a.

En este libro decidí unir todas las partes de la composición del ser humano y ver cómo cada una interactúan entre sí como conceptos básicos. ¿Qué dice la Biblia acerca del Espíritu, Alma y Cuerpo? Veamos más adelante.

1

AUTOCUIDADO

¿**Q**ué es el Autocuidado?

El autocuidado es definido por la Organización Mundial de la Salud *como "la capacidad que tienen los individuos, familias y comunidades de promover la salud, prevenir enfermedades, y hacer frente a éstas y otras discapacidades con o sin el apoyo de un proveedor de atención médica".* Esto denota autosuficiencia, eficacia y acto voluntario de manera intencional y con propósito, con el fin de obtener la calidad de vida que Jesús nos entregó al decir *"vine a darte vida en abundancia".* Con esta definición podemos inferir lo siguiente:

-**Autocuidado físico** es la capacidad que tenemos de realizar todas las acciones que promuevan nuestra salud física, como por ejemplo, mantener una buena nutrición y hacer ejercicio. De la misma forma, esforzarnos por mantenerla para hacer frente a enfermedades, discapacidades o envejecimiento; factores a los que tarde o temprano nos enfrentaremos a lo largo de la vida.

- **Autocuidado mental y emocional** es la capacidad de manejar nuestras emociones y pensamientos dirigiéndonos hacia una vida libre de trastornos mentales y emocionales, como también complicaciones por enfermedades. Se puede lograr a través de la adaptabilidad, resiliencia, mecanismos eficaces de afrontamiento, entre otros.

-**Autocuidado espiritual** es la capacidad de tener intimidad con Dios, sin necesidad de un intercesor. El velo se rasgó y no hay nada que impida que puedas acercarte a Dios por medio de Jesús. También se puede decir que es la importancia y el cuidado que le brindemos a nuestra vida espiritual llevando nuestros problemas primeramente a Dios antes que a cualquier persona y leyendo la Biblia para buscar respuestas que nos lleven a cumplir con su voluntad y no la nuestra.

¿Cuál es la importancia del autocuidado? ¿Cómo lograrlo?

El autocuidado es de vital importancia, pues es un método de salud preventiva de manera holística. El autocuidado evita exacerbaciones en enfermedades, como de la misma manera, asegura una mejor calidad de vida a través de la prevención. Las personas que se auto cuidan lo hacen por sí mismas y el motivo que le lleva a la acción, no es una simple obligación, sino la búsqueda de un resultado por un propósito. El autocuidado ayuda a no depender de instituciones ni de personas para velar por sí mismos, y de la misma manera ayudar a otros. Con esto no quiero decir que no busquemos ayuda cuando la necesitemos, pues en momentos de crisis la mente no está muchas veces clara por la secreción de ciertas hormonas que nublan la parte del *neocórtex*. Pero es importante recordar, que de nada sirve que nos den herramientas para dar seguimiento en nuestros hogares si no lo vamos a cumplir, porque provocaría recaídas y situaciones que se podrían evitar en el autocuidado intencional.

Podemos ver un ejemplo en eventos atmosféricos y pandémicos como el huracán Irma y el Covid 19. Hubo un aumento en las llamadas a ASSMCA, posiblemente intentos suicidas, suicidios, familias en descontrol emocional, violencia doméstica, maltrato, abandono, entre otras tantas situaciones. En el huracán Irma, las personas que desarrollaron autocuidado de manera holística no se vieron tan afectadas en comparación con las que no lo hicieron. Estas personas aprendieron a cómo manejar el hecho de estar tanto tiempo sin luz, sin tecnología, sin agua, posiblemente sin alimentos, de una manera más eficaz, que otras. La actitud y la reacción frente a las adversidades fue distinta. Tenían más esperanza en las filas de espera ya que veían la posibilidad de conocer a otros y empatizar y llevaban un sentido de agradecimiento por la vida a pesar de las circunstancias. También podemos inferir que la pandemia del Covid 19 afectó de igual manera. Gracias a los medios noticiosos, las personas vivían aterrorizadas, encerradas, con miedo a la muerte, provocando que se debilitara más el sistema inmunológico por el exceso de cortisol segregado.

Los centros que promueven la salud de espíritu (iglesias), escuelas y universidades (alma) y gimnasios y canchas (cuerpo), permanecían cerrados. Las personas que buscaban autocuidarse a pesar de las circunstancias, trataban de adaptarse y ser resilientes en el proceso. Buscaban ejercitarse de otras maneras al aire libre y fortalecer su sistema inmunológico mediante una sana nutrición. Tenían su devocional y cultos a Dios en sus casas, tenían tiempo para leer y compartir con sus familiares, entre otras cosas.

El primer paso para lograr el autocuidado es reconocer que necesitas hacerlo por mandato de Dios sobre todas las cosas y también por beneficio propio. El versículo clave de este libro es Lucas 5:31-32 *"Al oír esto, Jesús les dijo: Los sanos no tienen necesidad de médicos, sino los enfermos. No he venido a llamar a justos, sino a pecadores".* Cuando realizamos el primer paso en el reconocimiento de que podemos caer en enfermedad o estamos ya enfermos (en pecado), entramos en el proceso del autocuidado. Es como entrar en el proceso de la santificación. Reconocer nuestros pecados nos hace ver qué podemos hacer para no caer en lo mismo, da paso al comienzo del arrepentimiento y un cambio de mente y vida. *"Los satisfechos de sí mismos son difíciles de ganar, y con frecuencia se resienten de los esfuerzos de ser ganados para Cristo." (Robertson, 2003).*

Este pasaje bíblico se encuentra en los evangelios sinópticos y hace referencia a Jesús cuando habla sobre el que reconoce la necesidad y la condición en la que se encuentra. Jesús lo menciona con otro ejemplo en las bienaventuranzas cuando dijo: *"Bienaventurado los pobres en espíritu porque de ellos es el reino de los cielos".* Nuevamente da referencia al *reconocer.* Bienaventurado, dichoso y feliz el que reconoce que necesita del que le puede ayudar y restaurar de manera holística. El primer paso para el autocuidado es reconocer que necesitas hacer algo para poder estar bien. Claro está, Jesús lo anuncia ya que nos encontramos en esos pasajes bíblicos con fariseos que tenían una actitud contraria al *reconocer*. El reconocer la enfermedad holísticamente es el primer paso para poder hacer un cambio.

Aprendí a lo largo de este caminar que debemos evitar la codependencia con las instituciones para el logro de una buena calidad de vida. El autocuidado implica una conexión directa con el Padre ya que Él nos dejará saber lo que debemos hacer. Dios hará lo imposible, pero nosotros debemos hacer lo posible. En el ámbito espiritual, cuando enseñamos la dependencia que debemos tener con Dios, y que solo somos facilitadores en el proceso de enseñanza-aprendizaje, nos libramos de cargas innecesarias, porque entendemos que Dios es quien guía y que el conocimiento práctico llegará correctamente a la persona que se le está enseñando en su debido momento. De la misma manera, nos libera de responsabilizarnos ante sus acciones y decisiones y al mismo tiempo por algo que le recomendamos. Así mismo, le enseñamos a multiplicarse para que enseñe a otros a que desarrollen su mayor potencial, siempre mirando al blanco, Jesucristo, y así expandimos de manera correcta y adecuada el evangelio.

 El autocuidado es amor a Dios primeramente y luego amor propio.

El autocuidado comienza con el amor a Dios. Cuando nos cuidamos estamos amando y valorando el templo que Dios nos regaló. Esto implica velar por lo que es bueno o malo para mí, y eso podemos lograrlo a través de nuestro manual dejado por nuestro Creador y su dirección. Implica velar por lo que hago en este cuerpo, alma y espíritu mientras viva. Si amamos a Dios nos cuidamos; al cuidarnos nos estamos amando; es una relación recíproca. Cuando nos amamos podemos amar a otros. Así que se torna como una especie de cadena en la que una cosa va de la mano de la otra. ¿Cómo vamos a amar a otros, si no nos amamos nosotros mismos? ¿Cómo vamos a cuidar de otros, si no nos cuidamos? Es imposible cuidar a otro si no lo hacemos por nosotros primero.

 Primero debes amarte, para poder amar a los demás. Tener una relación con Dios y luego contigo para extender a otros.

El autocuidado hace que miremos constantemente nuestra necesidad, para de ese modo ayudar a otros a lograrlo. Hace mirar a otros con misericordia, ya que comprendemos que no es fácil el proceso del autocuidado. Jesús decía en Lucas 6:42 *"¿O cómo puedes decir a tu hermano: Hermano, déjame sacar la paja que está en tu ojo, ¿no mirando tú la viga que está en el ojo tuyo? Hipócrita, saca primero la viga de tu propio ojo, y entonces verás bien para sacar la paja que está en el ojo de tu hermano"*.

¿Qué quiere decir esto? Primero debemos trabajar con nosotros mismos antes de querer hacerlo con los demás.

No podemos ser como los fariseos que la ciega autosatisfacción e incompetencia nos impida ver nuestra necesidad. Por eso, como dice la Biblia en 1 Corintios 10:12 *"Así que, el que piense estar firme, mire que no caiga"*. Siempre debemos examinarnos para ver qué cosa debemos seguir transformando, y luego así ayudar a otros. Es por esto que somos un cuerpo con el fin de edificarnos unos a otros.

No podemos olvidar la vulnerabilidad y ser engañados con un falso sentimiento de confianza ante la imposibilidad de caer. El autocuidado nos hace mirarnos diariamente y evaluar en qué podemos caer, cómo podemos vencer y cómo puedo ayudar a mi hermano para vencer juntos de la mano. El amarnos y cuidarnos como hermanos dice que somos discípulos de Jesús porque sabemos contra quien es nuestra lucha. Jesús lo decía también en Juan 13:35 *"En esto conocerán todos que sois mis discípulos, si tuviereis amor unos con los otros"*. Pero para amar a otros debes amarte a ti mismo.

"Cómo vas a dar lo que no tienes"

La Biblia nos enseña que para amar debemos conocer a Dios porque Él es amor. 1 Juan 4:8 dice:*"El que no ama no ha conocido a Dios; porque Dios es amor"*. Solo en Dios podemos amar de manera real, pues Él nos amó primero. Él se entregó por nosotros, es decir, nos dio su esencia, la cual solo en Él podremos experimentar y de la misma manera extenderlo a otros. Si tenemos a Dios, debemos amarnos. Jesús lo ratificó en Mateo 22:39 *"Y el segundo es semejante a este: amarás a tu prójimo como a ti mismo"*. Este es el segundo mandamiento más importante de la Biblia.

Amar a Dios por sobre todas las cosas, te llevará inevitablemente a amarte para que puedas amar a los demás. Cuando amas a los demás como a ti mismo, es más fácil ponerte en el lugar del otro y entender sus circunstancias desde allí. Por ejemplo, si no quieres que un hermano se pierda en el mundo, predícales de Cristo, porque sabes que lo necesitan. En vez de juzgar, entiéndele, háblale e invítale. Ahí se cumple la regla de oro, "haz con otros lo que quieres que hagan contigo"; "con la misma vara que mides, serás medido"; y "lo que quiero es misericordia y no sacrificios", decía Jesús.

Para amar a otros debes amarte, cuidarte y sanar toda herida que, a consecuencia del dolor, sufrimiento o temor provocado, impidan vivir una vida plena en Jesús. Algunas de las heridas pueden ser por abandono, insuficiencia, humillación, traición, rechazo, privación, abuso, y otras tantas. La confianza en Dios es el primer lugar, puesto que solo Él sana tus heridas. Salmos 147:3 dice que*"Él sana a los quebrantados de corazón y sus heridas"*. También en la Biblia dice que te acerques a Jesús porque Él ya pasó y sufrió todo lo que pasamos y sufrimos. Él es nuestro abogado y sumo sacerdote que se presenta de manera diaria por nosotros. En Hebreos 4:15-16 dice *"Porque no tenemos un sumo sacerdote que no pueda compadecerse de nuestras debilidades, sino uno que fue tentado en todo según nuestra semejanza, pero sin pecado. Acerquémonos, pues, confiadamente al trono de la gracia, para alcanzar misericordia y hallar gracia para el oportuno socorro"*. Es decir, que estará para ti siempre que lo necesites.

2

AUTOCUIDADO DEL CUERPO

En este capítulo hablaremos de la parte física del cuerpo humano. ¿Cómo podemos autocuidarnos, y qué enseña la Biblia acerca del mismo? También conoceremos las condiciones que más afectan a la comunidad estadounidense físicamente y lo que debemos hacer para tener mejor rendimiento en la obra de Cristo.

Anatomía y fisiología

El cuerpo humano se compone de once sistemas que trabajan en conjunto para que el organismo pueda mantenerse con vida y funcionar de manera adecuada. A continuación los once sistemas y sus funciones:

-Tegumentario (piel)- protección, regulación de temperatura, sensibilidad.

-Esquelético (huesos y ligamentos)- soporte, protección, movimiento, depósito de grasas y minerales, fabricación de la sangre.

-Muscular (músculos esqueléticos y tendones)- movimiento, postura, producción de calor.

-Nervioso (encéfalo, médula espinal, nervios, órganos sensitivos)- control, regulación y coordinación de otros sistemas, sensibilidad, memoria.

-Endocrino (hipófisis, suprarrenales, páncreas, tiroides, paratiroides y otras glándulas)- control y regulación de otros sistemas.

-Cardiovascular (corazón, arterias, venas, capilares)- intercambio y transporte de materiales.

-Linfático (ganglios linfáticos, vasos linfáticos, timo, bazo, amígdalas)- inmunidad y equilibrio de líquidos.

-Respiratorio (pulmones, árbol bronquial, tráquea, laringe, cavidad nasal)- intercambio de gases, equilibrio ácido básico.

-Digestivo (estómago, intestino delgado y grueso, esófago, hígado, boca, páncreas)- degradación, absorción de nutrientes, eliminación de desechos.

-Urinario (riñones, uréteres, vejiga urinaria, uretra)- excreción de desechos, equilibrio hidroelectrolítico, equilibrio, ácido básico.

-Reproductor (masculino: testículos, conducto deferente, próstata, vesículas seminales, pene. Femenino: ovarios, trompas de falopio, útero, vagina, mamas)- reproducción, continuidad de información genética, mantenimiento de la descendencia.

Cuerpo físico vs. cuerpo de Cristo

Si comparamos el cuerpo humano en anatomía y fisiología con el cuerpo de Cristo, Cristo es la cabeza, la mente y todo lo que significan las órdenes que él envía; nosotros somos el cuerpo. Un buen ejercicio es buscar qué parte del cuerpo somos. Un pastor una vez me dijo que lo que fuese a hacer en la vida, lo hiciera bien, y pensando en estas palabras, me di cuenta de que no me corresponde analizar el por qué de sus razones al decirme esto, sino que el Padre es quien tiene el control de todas las cosas. No es mi lugar juzgar el trabajo de otros, más bien, obedecer al mandato de Dios. Sin embargo, ¿qué dice nuestra cabeza (mente) que debemos hacer? Él nos defenderá de acuerdo con la función que se supone esté ejerciendo y, tal como lo haría el cuerpo humano que de la cabeza salen todas los mandatos y señales hacia el resto del cuerpo para su buen funcionamiento, así mismo funcionará en el cuerpo de Cristo; Él da las órdenes, y a nosotros como partes de su cuerpo, nos corresponde seguirlas para lograr el propósito.

Basado en este concepto ¿qué te corresponde ser y hacer en el cuerpo de Cristo? ¿Eres el que reproduces nuevos miembros? ¿Eres el que da equilibrio dentro del cuerpo de Cristo? ¿Eres el que elimina los problemas o los resuelves? ¿Eres el que produces inmunidad ante las situaciones que representa la iglesia? ¿Eres el que da control y regulación a los miembros de la iglesia? ¿Eres el que da movimiento de la iglesia y produces calor para evitar que la gente se aleje? ¿Eres de los que ayuda en la coordinación a otros? ¿Eres de los que dan soporte o de los que protegen? *"Lo que sea que hagas, hazlo bien y de corazón para Dios y no para el reconocimiento humano"*. Cumple con tu misión y propósito y a la hora del juicio, nuestro abogado podrá defendernos sin reproche. No seamos de las células o bacterias cuya función es actuar en beneficio del cuerpo, pero cuando llega un ente extraño actúa en contra del cuerpo alterando los procesos. Un ejemplo de una bacteria que puede hasta producir diarreas, es la *E. Coli* localizada en el intestino.

Enfoquémonos en nuestra función independientemente de lo que veamos o escuchemos, al final, cada uno dará cuentas por lo bueno o malo que haga. Un ejemplo es el caso de la alabanza y la adoración, cuya acción no debe ser en función de mantener una apariencia, sino de elevar la adoración en Espíritu y en Verdad. Es como si tus células, en su idioma, te estuvieran diciendo lo hermoso y gran ser humano que eres, pero a la misma vez no estén trabajando adecuadamente para mejorar tu salud y te encuentres enfermo. A ti no te va a importar que las células te estén elogiando, tú lo que quieres es que trabajen bien. Y comenzarás a tomar medicamentos sin importar cuál viva o muera porque lo que estás buscando es tu bienestar. Simplemente nuestro propósito reside literalmente en el amor, porque eso es lo que le da armonía al cuerpo. Lo que es el todo de nosotros; lo que compone y lo que da vida.

Etiología

Las causas de la enfermedad de la parte física pueden deberse a diversas razones: genética, gérmenes patógenos, tumores o cáncer, sustancias químicas o físicas, deficiencia en la nutrición, autoinmunidad, inflamación o degeneración. Para poder cuidar la parte alterada, es de suma importancia conocer la razón o causa de la enfermedad para trabajar de manera adecuada la restauración y restablecimiento de ésta. Lo mismo ocurre en la vida de la iglesia cuando el trigo y la cizaña crecen dentro de la misma iglesia y personas de otros lugares quieren dañar la viña del Señor, o como cuando las personas no quieren hacer autoevaluación y entran en degeneración resistiéndose al cambio.

Signos y síntomas

Los signos y síntomas pueden variar en la parte física. Los signos son muestras de manifestaciones clínicas objetivas, los cuales se pueden medir. Los síntomas, por su parte, son datos subjetivos que no pueden ser medidos porque como bien se deriva de la propia palabra, se trata del "sentir". Estos signos y síntomas van a variar de acuerdo al sistema alterado y aunque algunos puedan repetirse, debe haber alguno que diferencia la alteración que pueda estar ocurriendo y la gravedad de éste. Algunos de éstos pueden ser: náuseas, temperatura elevada o disminuida, vómitos, diarreas, secreciones, inflamación, tos, palidez, estreñimiento, dolor, taquicardia, bradicardia, presión elevada, presión disminuida, entre otros.

De la misma manera ocurre en la vida espiritual. Según lo que esté pasando la iglesia, puede verse ese proceso de autocuidado y restauración por el que estarían atravesando para volver a los principios. Por ejemplo, no podemos ver un síntoma de dolor de un hermano en Cristo ya que no sabremos qué le ocasionó el mismo, pero es en ese momento en que el papel del líder entra en juego pues, debe fungir como enfermero haciendo las preguntas correctas que le permitan conocer la fuente de ese dolor. Preguntas como "¿qué te ocasionó el dolor?" "¿Qué cosas crees que lo mejorarían?" "¿Qué cosas lo empeorarían?" "¿Cómo podemos ayudarte para mejorar el síntoma?" Esa empatía y compasión que tenga el líder, le ayudará y restablecerá al hermano herido, pues estaría enfocándose en el autocuidado. "¿Qué podrías hacer para sentirte mejor luego de que este síntoma mejore si volviera a ocurrir y qué podrías hacer?"

Factor de riesgo

Algunos factores de riesgo para una condición de salud física podrían ser: condiciones predispuestas, factores genéticos, edad, estilo de vida, estrés, factores ambientales, microorganismos, enfermedades preexistentes, entre otros. Si comparamos el aspecto físico con el aspecto espiritual, las condiciones mentales, estilo de vida y estrés de las personas y percepción hacia la vida, puede afectar el crecimiento espiritual del cuerpo de Cristo.

Condiciones de mayor mortalidad

Según el Departamento de Salud de Puerto Rico las primeras causas de muerte en la isla se deben a enfermedades crónicas como lo son las enfermedades cardiovasculares, los tumores malignos, la diabetes mellitus, la enfermedad de alzhéimer y CVA. La prevalencia de los principales factores de riesgo son varios, entre ellos la inactividad física, el sobrepeso, la obesidad, el colesterol alto, la hipertensión, ser un fumador activo, entre otras. Es vital recalcar la importancia que puede tener aquí la alimentación y el ejercicio físico en las condiciones de mortalidad y que nos corresponde como cristianos emular, basados en el autocuidado.

Dentro de las enfermedades más comunes de mortalidad podemos destacar que algunas de ellas las podemos prevenir con autocuidado holístico, debido a que son consecuencias directas de la alimentación. Un ejemplo de estas son, por ejemplo, un infarto al miocardio (MI), un accidente cerebro vascular (CVA) y/o diabetes mellitus (DM) tipo 2. Son varias las razones por las cuales ocurre el MI, pero quiero hacer énfasis en el manejo mediante el autocuidado. La primera razón se debe a la enfermedad de la ateroesclerosis, que no es otra cosa que ese depósito de grasa y colesterol llamada placa de ateroma, que al pasar a la circulación se incrusta en las arterias, obstruyendo así el paso de la sangre a los tejidos del corazón. Esto impide que las arterias coronarias reciban la sangre oxigenada que necesitan para seguir funcionando. Otra de las razones es la ruptura del vaso sanguíneo que forma un coágulo obstruyendo la arteria. Ocurre así con el accidente cerebro vascular (CVA) isquémico debido a la placa de ateroma que estrechan las arterias cerebrales.

La diabetes mellitus (DM) tipo 2 se debe a la resistencia a la insulina. El exceso de glucosa de manera continua en la sangre es muy alto. La insulina ayuda a la glucosa a entrar a la célula para ser usada como fuente de energía. En la DM tipo 2, las células del páncreas no producen suficiente insulina o no la usan de manera correcta, por tanto, la glucosa se queda circulando en la sangre, lo que ocasiona daños colaterales. El exceso de glucosa se convierte en glucógeno o grasa. El glucógeno se almacena en el hígado y la grasa en el tejido adiposo, creando así resistencia a la insulina, obesidad, y otras condiciones.

En resumen, y el valor principal que tengo como propósito añadir a sus vidas con esta información, es que tenemos mayor responsabilidad para con estas enfermedades, así que la alimentación aquí es vital y la actividad física constante como parte de un estilo de vida saludable. Dios nos llama a cuidarnos en todo tiempo. De esta manera evitamos tener que llegar a Él para pedir milagros por cosas que desde un principio nos tocaba a nosotros cumplir. El autocuidado del cuerpo es clave para lograr un mejor rendimiento en la gran comisión. El id y predicar el evangelio es un mandato imperativo y nuestro propósito como iglesia es uno y este implica movimiento, resistencia cardiovascular y buena administración en cuanto a la energía que consumimos y utilizamos. Jesús no se quedó en un pueblo de manera estática esperando a que todos llegaran donde Él. Caminó aldeas, navegó en bote, subió montañas, estuvo en el desierto, y otros lugares. Todo esto implica buena preparación física. Incluso antes del inicio de su ministerio, tuvo preparación holística en el desierto, y así logró el dominio de la parte del cuerpo y logró grandes milagros en su parte humana. Dios nos ha dado espíritu de poder, amor y dominio propio, por tanto, puedes lograrlo. ¡Voy a ti!

¿Qué dice la Biblia y la ciencia acerca del autocuidado del cuerpo?

Los aspectos del cuerpo físico a trabajar en esta sección, son la alimentación y el ejercicio físico.

La nutrición es el proceso donde el cuerpo utiliza los nutrientes y elimina los desechos para el crecimiento, mantenimiento y reparación del cuerpo. Los nutrientes se dividen en: carbohidratos, proteínas, grasas, vitaminas, minerales y agua. Al escoger los alimentos, se recomienda escoger cantidad y calidad de los que necesite el cuerpo y de acuerdo con la etapa de crecimiento en que se encuentre la persona, así como tomar en consideración condiciones preexistentes que la persona tenga. En la actualidad, no podría decir a ciencia cierta qué puedes o no comer. En este caso, te recomiendo acercarte con estas dudas a donde tu generalista y pedirle al Señor en tu intimidad con Él, que te ilumine sobre lo que puedes o debes comer para poder aportar a la santificación del cuerpo. Así como cuando satanás tentó a Jesús con los alimentos, somos tentados todo el tiempo. El hecho de que fuera tentado con alimentos, no quería decir que en algunos casos eran malos, sino que hay ciertos alimentos que no deben consumirse y también ciertos momentos particulares en los que no debe hacerse. Cuando Jesús estaba en el desierto ayunando, tenía un propósito, por tanto, si convertía las piedras en pan caía en la tentación de satanás. No obstante, más adelante lo consumió así que con esto quiero ejemplificar la idea de que muchas veces lo "malo" no es el alimento, sino el momento en que lo consumes. En el caso de Jesús, ese no era el momento pues le daría la razón a satanás. Existen algunos ejemplos bíblicos que muestran el cuidado que debemos tener en cuanto a la selección de los alimentos como en las historias de Adán y Eva, el pacto con Abraham, el pacto con Noé, el pacto con Moisés, el pacto con Daniel, entre otros personajes bíblicos.

Algunas recomendaciones de alimentos a limitar según la ciencia, son los altos en grasas saturadas, grasas trans, altos en colesterol, azúcares añadidos, entre otros. Algunos alimentos recomendados a ingerir son los ricos en fibras, cereales integrales y verduras. De todos modos, siempre es menester esa relación directa y afectuosa con El Padre para que nos dirija y conecte con los profesionales de la salud adecuados que se encargarán de darnos luz en ese caminar, siempre confiados de que hubo confirmación por parte de Dios. Que nos conecte con recursos como nutricionistas que estudian y recomiendan según las necesidades del individuo, ya de manera más personalizada.

En la Biblia hay diversos versículos que hablan acerca de la alimentación. Algunos ejemplos podrían ser:

-Génesis 1:29 *"Y dijo Dios: He aquí que os he dado toda planta que da semilla, que está sobre tierra, y todo árbol en que hay fruto y que da semilla; os serán para comer".*

-Génesis 9:3-4 *"Todo lo que se mueve y vive, os será para manteni-miento: así como las legumbres y plantas verdes, os lo he dado todo. Pero carne con su vida, que es su sangre, no comeréis".*

-Deuteronomio 14:9-10 *"De todo lo que está en el agua, de estos podréis comer: todo lo que tiene aleta y escama. Mas todo lo que no tiene aleta y escama, no comeréis; inmundo será".*

-Nehemías 8:10 *"Luego les dijo: Id, comed grosuras, y bebed vino dulce y enviad porciones a los que no tienen nada preparado; porque día santo es nuestro Señor; no os entristezcáis, porque el gozo de Jehová es vuestra fuerza".*

-Daniel 1:8, *"Y Daniel propuso en su corazón no contaminarse con la porción de la comida del rey, ni con el vino que él bebía; pidió, por tanto, al jefe de los eunucos que no se le obligase a contaminarse. Te ruego que hagas la prueba con tus siervos por diez días, y nos den legumbres a comer y agua a beber".*

-Daniel 12-15 *"Compara luego nuestros rostros de los muchachos que comen la ración de la comida del rey, y haz después con tus siervos según veas. Consintió pues, con ellos esto, y probó con ellos diez días. Y al cabo de los 10 días pareció el rostro de ellos mejor, más robusto que el de los otros muchachos que comían de la porción de la comida del rey".*

-Mateo 3:4 *"Y Juan estaba vestido de pelo de camello, y tenía un cinto de cuero alrededor de sus* lomos; *y su comida era langostas y miel silvestre".*

-Lucas 9:16-17 *"Y tomando los cinco panes y los dos pescados, levantó los ojos al cielo, los bendijo, y los partió, y dio a sus discípulos para que los pusiesen delante de la gente".*

-Romanos 14:3 *"El que come, no menosprecie al que no come, y el que no come, no juzgue al que come; porque Dios lo ha recibido".*

-1 Corintios 10:31 *"Si, pues, coméis o bebéis, o hacéis otra cosa, hacedlo todo para la gloria de Dios".*

Cuando vemos tal variedad, se nos hace difícil discernir entre lo que debemos comer y lo que no. Sin embargo, debes tomar para ti este versículo de 1 Corintios 6:12 *"Todas las cosas me son lícitas, mas no* todas me convienen; todas las cosas me son lícitas, más yo no me dejaré dominar de ninguna".

Teniendo en cuenta este versículo, podemos determinar que en la intimidad, Dios te mostrará qué debes o no comer, y está en ti ser obediente o no. Lo importante es que nada te domine. Cuando algo te domina, significa que tiene poder sobre ti. Y Dios nos dio un espíritu de dominio propio según 2 Timoteo 1:7, pero debemos ejercitarnos para poder vencer. El ayuno es un ejemplo sencillo que podemos realizar para comenzar a ejercer el dominio propio, a aparte de sus ya grandes beneficios.

La falta de ayuno puede revelar falta de fe y de poder, ya que en el proceso se practica el negar la parte física del cuerpo para que crezca el espíritu. En la lucha de Romanos 8, cuando dejamos ganar el espíritu y mengua la carne, podemos comunicarnos más con Dios y sentirlo más ya que Dios es espíritu. Así que el ayuno siempre debe tener un propósito y el espíritu mismo te dejará saber el tiempo que debes pasar y de lo que te abstendrás. Lo importante es comenzar, así sea de poco en poco.

Cuando ayunamos, ponemos en práctica la fe de distintas maneras, al tener la convicción de que tendremos los pensamientos correctos y manteniendo una actitud positiva ante todo, sabiendo que Dios nos renovará las fuerzas para poder lograrlo. En la Biblia dice que cuando ayunemos lo hagamos en secreto pues, éste nos reta a trascender al controlar nuestros deseos carnales, incluyendo la glotonería.

En la Biblia hay numerosas personas que practicaron el ayuno por su gran beneficio. En general, se logra ayunar cuando no ingerimos alimentos por algún periodo de tiempo. En términos fisiológicos, en la alimentación estamos utilizando los nutrientes que ingerimos para las necesidades que tiene el cuerpo. Sin embargo, cuando ayunamos, estamos utilizando las reservas de alimentos que tenemos como energía.

"El ser humano tiene las suficientes reservas de energía para mantener el cuerpo con vida dentro de uno a tres meses, dependiendo de su composición corporal y el gasto energético de cada persona" (Oswal Candela).

Algunos de los beneficios del ayuno son la promoción de la autofagia, previniendo así el envejecimiento, alargando la vida de las células y ayudando a reparar y sanar tejidos.

Un ejemplo bíblico que pudiera mencionarse es el del hijo pródigo. Cuando pasó hambre y necesidad fue cuando recordó que lo tenía todo en casa de su padre. Entonces, el ayuno al que estaba sometido le llevó a mirar con mayor profundidad la parte espiritual. Pudo ver los propósitos de Dios en su vida y saber distinguir qué es lo que tenía y estaba dejando perder, en conjunto con lo que quería y lo que necesitaba.

El hambre te hace mirar al cielo y confrontarte con las necesidades físicas y otras carencias, reconociendo la infinita misericordia que tiene Dios para con nosotros. Muchas veces cuando tenemos todo físicamente no percibimos la necesidad espiritual, por la mentalidad incorrecta de hacer tesoros en la tierra (prestar demasiada atención a las cosas terrenales y deseos engañosos). Debemos aspirar a hacer tesoros en los cielos.

Algunos de los beneficios físicos del ayuno residen en mejorar el estado hormonal, ayudar a la pérdida de grasa, a que las células se oxiden menos, entre otras cosas. Existen muchísimos ejemplos bíblicos donde se ven los resultados del ayuno.

Versículos sobre el ayuno:

-Mateo 9:15 *"Jesús le contestó: ¿Acaso pueden estar tristes los invitados a una boda, mientras el novio está con ellos? Pero llegará el momento en que se lleven al novio; entonces sí ayunarán.* La ausencia de Jesús haría que ayunaran con el propósito de acercarse a su presencia.

-Mateo 6:16 *"Cuando ustedes ayunen, no pongan cara triste, como los hipócritas, que aparentan tristeza para que la gente vea que están ayunando. Les aseguro que con eso ya tienen su premio".*

El ayuno debe ser algo personal y no de apariencias para que puedas recibir tu recompensa.

-Daniel 9:3 *"Y dirigí mis oraciones y súplicas a Dios el Señor, ayunando y vistiéndome con ropas ásperas, y sentándome en ceniza".*

El ayuno ayuda al enfoque en tu oración, ya que niegas la parte de la necesidad física para que crezca la parte espiritual. Cuando comemos por demás, es decir, sin necesidad, simplemente por el mero deseo de llevar algo a la boca, cometemos pecado por tratarse esto de un exceso, tal cual dicta la propia definición de glotonería según la RAE, *"la acción de comer en exceso y con ansia o cualidad de glotón"*. En la Biblia se nos habla acerca de la glotonería como un símbolo físico y espiritual. Algunos ejemplos los encontramos en:

-Filipenses 3:19 *"El fin de los cuales será perdición, cuyo dios es el vientre, y cuya gloria es su vergüenza; que solo piensan en lo terrenal"*. Estar pendientes a las cosas físicas y terrenales, en vez de trascender en espíritu a lo eterno.

-Proverbios 23:2 *"Y pon un cuchillo en tu garganta, si tienes gran apetito"*. Controlar el apetito es evidencia de vivir en el espíritu, porque ejercemos en dominio propio.

-Lucas 21:34 *"Mirad también por vosotros mismos, que vuestros corazones no se carguen de glotonería y embriaguez y de los afanes de esta vida, y venga de repente sobre vosotros aquel día"*. Debemos cuidarnos que nuestras mentes no se insensibilicen por los vicios y las preocupaciones de la vida. Debemos ocuparnos en buscar diariamente a Dios en todo aspecto y lo que esté en nuestras manos, para estar listos y preparados para el regreso de Jesucristo.

La palabra nos invita a tener un propósito con cada comida que ingerimos y podemos verlo en 1 Corintios 8:8-9. El cerebro es como una computadora que debes programar y si se afecta con algún virus, reprogramarla. Y claro que este último tendrá un costo adicional, así que de igual manera funcionan nuestros hábitos, los cuáles registramos de manera regular para que nuestro cuerpo coma y respire sin utilizar mayor esfuerzo. Cuando se trata de cambiar un hábito por uno nuevo, entras en un proceso de reprogramación por un tiempo determinado.

Ahora bien, lo mismo ocurre con la actividad física y práctica. Algunos beneficios de ejercitarse de manera holística son: aumenta energía y bienestar, aumenta actividad sexual, promueve el descanso, reduce la depresión, estrés, ansiedad, aumenta el autoestima y el autocontrol, mejora la autoimagen, las relaciones sociales, mejora la resistencia cardiovascular, densidad ósea, fuerza muscular y flexibilidad, disminuyen las complicaciones por enfermedades y la resistencia a la insulina, entre otros.

Podemos ver el ejemplo de que Jesús y sus discípulos se ejercitaban mientras hacían sus largas caminatas. En Lucas 9:56-57 dice *"porque el Hijo del hombre no ha venido para perder las almas de los hombres, sino para salvarlas. Y se fueron a otra aldea"*. Por otro lado, en Marcos 16:12 dice *"Pero después apareció en otra forma a dos de ellos que iban de camino, yendo al campo"*. Adán, Abraham, Lot, José, Moisés, Josué, Jesús, los discípulos y Pablo, realizaban mucha actividad física que beneficiaba su salud y al cumplimiento de su misión, la que Dios les había encomendado en su tiempo.

Para evangelismo se realiza ejercicio físico ya que no esperamos que las personas vengan a nosotros, sino que salimos nosotros a anunciar la buena noticia. Se recomienda ejercitarse mínimo tres veces en semana por un espacio de al menos treinta minutos. Un buen plan que se podría llevar a cabo por ese tiempo de evangelización podría ser primeramente llevando a cabo un pequeño estudio de tu comunidad por calles y escoger treinta minutos, tres veces en semana para salir a entregar tratados, dejándoles saber la buena noticia. Si acceden, procedes a bautizar y discipular. Muy importante adquirir el contacto o proveer número para que la persona pueda tener con quién comunicarse en caso de que no sepa cómo acercarse a Dios o cuando quiera tomar la decisión de servir a Dios, pueda tener un hermano que le guíe en sus inicios. Debes recordarles siempre que son ellos quienes deciden cuán rápido volar y cuán alto irá su vuelo. Todo dependerá de cuánto tiempo dediquen para conocer a Dios y de que le quieran buscar de verdad, orar, leer la palabra, entre otros elementos. Sin embargo, todo dependerá de la persona porque a fin de cuentas, la salvación es personal, no se hereda y solo se da a través de Jesús.

Unas palabras de aliento que se pueden brindar a la persona evangelizada durante ese proceso, pueden ser la analogía del ave fénix que resurge de las cenizas; el énfasis es que sin importar lo caído que estés, Dios siempre te levanta. En esta analogía, el ave nace de nuevo, así como Nicodemo que tenía que nacer de nuevo.

También, el águila calva vive aproximadamente setenta años y a los cuarenta, tiene que tomar una difícil decisión: se deja morir o pasa por un proceso de transformación que dura al menos ciento veinte a ciento cincuenta días, donde debe ir a lo alto de una montaña para golpear su pico tan fuerte con una roca hasta lograr arrancarlo para esperar que le nazca uno nuevo; arrancarse las uñas y las plumas, para entonces volver a emprender su vuelo. Todo esto porque dentro de ese tiempo de transformación, todas esas partes de su cuerpo, las que lo hacen ser un ave, se tuercen y envejecen, al punto de acabar con su vida si no pasa por ese doloroso proceso. De la misma manera, como seres humanos debemos pasar por procesos físicos, que muchas veces son dolorosos, pero que nos llevan hacia una mejor vida espiritual.

De eso se trata, es un proceso.

3

AUTOCUIDADO PSICOLÓGICO O DEL ALMA

Se dice que no hay definición universal que explique la salud mental, pero que existen algunos criterios o características que implican pensamiento, sentimiento y conductas relacionadas con una persona que se encuentra mentalmente sana. Algunos de estos criterios podrían ser que interpretan la realidad exacta, entiéndase, que cada acto tiene su consecuencia; tienen una percepción saludable de sí mismos; se relacionan con los demás; entienden su propósito en la vida; demuestran que son creativos o productivos; tienen control sobre su conducta; y se adaptan sin problemas mayores a los cambios y conflictos. Dejándonos llevar por estos comportamientos, si una persona está espiritualmente sana, puede cumplir con estas características. A continuación, una breve explicación de cada uno de estos criterios desde una base con ejemplos bíblicos.

Interpretan exactamente la realidad- No existe murmuración, ni mentiras; te enfrentas al problema y sabes cuándo algo es real o solo una percepción de la realidad.

1 Pedro 2:1 *"Entonces, no hagan ningún mal: no digan mentiras, no sean hipócritas, no sean envidiosos ni se maldigan unos a otros"*.

Tienen un concepto de sí mismos saludable- No piensas ni más ni menos de ti; no dejas que nadie te menosprecie, pero también aceptas tus debilidades. Aprendes a hacer introspección y ver las razones de tus motivaciones y conductas.

Romanos 12:3 *"Digo, pues, por la gracia que me es dada, a cada cual que está entre vosotros, que no tenga más alto concepto de sí del que debe tener, sino que piense de sí, con cordura, conforme a la medida de fe que Dios repartió a cada uno".*

Se pueden relacionar con los demás- Amar a tu prójimo como a ti mismo. Amar lo tangible te lleva a amar lo intangible.

I Juan 4:20 *"Si alguno dice que ama a Dios, pero odia a su hermano, es un mentiroso. Porque si no ama a su hermano, a quien puede ver, mucho menos va amar a Dios a quien no puede ver".*

Alcanzan un sentido de significado en la vida- Porque para mí el vivir es Cristo y el morir es ganancia.

I Pedro 2:9 *"Pero ustedes son un pueblo elegido por Dios, sacerdotes al servicio del Rey, una nación santa, y un pueblo que pertenece a Dios. Él los eligió para que anuncien las poderosas obras de aquel que los llamó a salir de la oscuridad para entrar en su luz maravillosa".*

Demuestran que son creativos y productivos- Mediante diferentes acciones, tenemos capacidad de dar fruto.

Mateo 25:35-36 *"Porque tuve hambre y ustedes me dieron de comer. Tuve sed y me dieron de beber. Fui extranjero y me hospedaron. No tenía ropa y ustedes me vistieron. Estuve enfermo y me cuidaron. Estuve en la cárcel y me visitaron".*

Tienen control sobre su conducta- El autocontrol nos encamina a tener inteligencia emocional y poder de dominio propio.

Proverbios 12:16 *"El insensato se enoja con facilidad, pero el inteligente pasa por alto los insultos".*

Proverbios 29:11 *"El bruto da rienda suelta a su enojo, pero el sabio se controla a sí mismo".*

Son adaptables a los cambios y conflictos- La resiliencia es esa capacidad de que no importando lo que pueda suceder, enfrentas la situación y modificas lo que haya que modificar, porque sabes que en Jesús tenemos la fuerza.

Filipenses 4:11-13 *"No digo esto porque necesite ayuda, pues he aprendido a adaptarme a cualquier situación. Yo sé cómo vivir en pobreza o en abundancia. Conozco el secreto de estar feliz en todos los momentos y circunstancias: pasando hambre o estando satisfechos; teniendo mucho o teniendo poco. Puedo enfrentarme a cualquier situación porque Cristo me da el poder para hacerlo".*

Anatomía y fisiología

La composición del alma no es otra cosa que la manifestación de los pensamientos y sentimientos del ser humano. Pero para conocer mejor el concepto, debemos conocer primero a cerca de su estructura y funcionamiento dentro del propio cuerpo.

El sistema nervioso es el que regula y coordina todas las funciones del cuerpo, así como movimientos de los músculos, los sentidos, las aptitudes mentales y las emociones, de esta forma obtiene información sensorial de manera interna y externa que se procesa y se interpreta realizando respuestas. Este sistema se compone del sistema nervioso central (SNC) y el sistema nervioso periférico (SNP).

Estos sistemas funcionan con dos tipos de células que se llaman neuronas (reciben los impulsos y los envían a otras células a través de interpretación de respuestas) y neurogliocitos (protegen y alimentan a las neuronas). Los neurotransmisores, son los mensajeros químicos del sistema nervioso que puede ser inhibitorio o excitatorio. Algunos neurotransmisores importantes son:

La dopamina, que facilita el control del movimiento fino, emociones y el estado de ánimo.

La serotonina, que controla el sueño, el hambre, la conducta, y tiene efectos sobre la conciencia.

Las endorfinas, que actúan como opiáceo bloqueando el dolor.

La acetilcolina, que interviene en la memoria.

En el SNC se encuentra el cerebro y la médula espinal. El cerebro interpreta información sensorial, procesa la inteligencia y las emociones y contiene la memoria de las habilidades. El mismo está cubierto por el cráneo. Científicamente, está dividido en cuatro regiones principales: hemisferios cerebrales, diencéfalo, tronco encefálico y cerebelo. Cada hemisferio se divide en lóbulos: occipital, temporal, parietal y frontal.

La teoría del cerebro triple de Paul MacLean, dice que en el encéfalo humano habitan tres sistemas cerebrales con sus maneras de funcionar, y que éstos ayudan a expresar de manera adecuada las emociones y pensamientos. El funcionamiento de esos cerebros indica que van en orden. Estos son: instintivo o reptiliano, cerebro emocional o sistema límbico y el cerebro racional o neocórtex (materia gris).

El cerebro instintivo o reptiliano, se encarga de regular las funciones básicas para la supervivencia como respirar, comer, dormir, instinto sexual, búsqueda de placer y evitar dolor, mantener seguridad dentro de lo conocido y resistencia al cambio. Aquí surgen las emociones básicas como el miedo, la ira, la alegría, la tristeza, el asco y la sorpresa, entre otros. Estas emociones son adaptables y nos permiten reaccionar a los estímulos del ambiente. Aquí se pueden ver las conductas impulsivas y automáticas y se limita a ejecutar códigos programados de manera genética. Un ejemplo bíblico del instinto lo podemos ver en el versículo bíblico de Efesios 4: 26 donde dice:

"No permitan que la ira los haga cometer pecados; que la noche no los sorprenda enojados".

Podemos tener ira como emoción primaria dentro de un momento específico dada una situación particular, sin embargo, no podemos dejar que nos controle. Nos corresponde a nosotros manejar adecuadamente las emociones del momento para que no se convierta en pecado.

"Cualquiera puede enfadarse, ya que eso es algo muy sencillo. Pero enfadarse con la persona adecuada, en el grado exacto, en el momento oportuno, con el propósito justo y del modo correcto, eso es lo que ya no resulta tan sencillo". Aristóteles

El cerebro emocional o sistema límbico se puede ver reflejado en las emociones basadas en nuestras experiencias. Ya puedes darte cuenta de que te enamoras con esta parte del cerebro y no con el músculo del corazón. Este nos facilita respuestas al estrés (lucha/huida), vínculos, apego, entre otros. Se compone de amígdala, que asigna significado emocional a los estímulos; hipotálamo, que regula sed, apetito, temperatura, sueño, alerta, memoria, fluidos corporales y activa glándulas de las emociones; el hipocampo, información en la memoria para el vínculo de valores, positivos o negativos; y los ganglios basales, que regula la dopamina y reduce la función del neocórtex, giro del cíngulo (etiqueta las emociones). Un ejemplo bíblico podemos verlo en Jeremías 17:9-10:

"No hay nada más engañoso que el corazón, no tiene remedio. ¿Quién lo entiende? Yo el Señor examino los pensamientos y escudriño las intenciones del corazón para darle su merecido a cada uno, la cosecha de las acciones que sembró".

En otras palabras, podemos decir que esta parte del cerebro muchas veces nos engaña, porque nos hace ver la información que percibimos como bueno o malo y asignar significado a los estímulos, por las experiencias, buscando así la dopamina y reduciendo la función de la parte racional o neocórtex.

El cerebro racional o neocórtex nos permite ejecutar funciones como memoria, atención, razonamiento lógico, resolver problemas y lenguaje. Por este cerebro es que podemos aprender autorregular nuestras emociones, actuar con juicio y tener experiencias y conocimientos. Un ejemplo bíblicolo vemos en Proverbios 4:23:

"Ante todo, cuida tus pensamientos porque ellos controlan tu vida".

Con este cerebro es que podrás memorizar versículos para cuando llegue la tentación (experiencia de placer vinculada a una emoción que te lleva a pecar), y puedas controlar la respuesta.

Podemos verlo en Santiago 1:14 también cuando dice:

"Uno es tentado cuando se deja llevar por un mal deseo que lo atrae y lo seduce". No dice que el pecado es el deseo, sino cuando te dejas llevar por el mismo. Por eso es importante hacer lo que decía el apóstol Pablo en Filipenses 4:8:

"En fin, hermanos, piensen en todo lo que es verdadero, noble, correcto, puro, hermoso y admirable. También piensen en lo que tiene alguna virtud,

en lo que es digno de reconocimiento. Mantengan su mente ocupada en eso".

Una de las prácticas que pueden ayudarnos en el autocuidado es la inteligencia emocional. Este concepto según Daniel Goleman, es la capacidad de identificar, regular y expresar adecuadamente con la intensidad, forma y personas correctas. Practicar la inteligencia emocional es sinónimo de desarrollar dominio propio. El dominio propio es una virtud del fruto del espíritu que nos fue dado por gracia al haber aceptado a Cristo como Señor y Salvador. Logrando el dominio propio en los distintos escenarios de la vida, podremos cumplir su Palabra ya que Él nos dio un espíritu de amor y poder sobre nosotros mismos. El dominio es esa capacidad de conocer de manera experta para controlar y manejar lo que se esté enfrentando.

Jesús fue un gran ejemplo de poder dominar sus emociones. Él vivió el día a día a pesar de saber lo que enfrentaría eventualmente en su vida adulta. Cuando tuvo que llorar y entristecerse, lo hizo, pero se levantó y siguió. Por ejemplo, en el Getsemaní, pasó por un momento donde la emoción lo hubiera podido dominar, pero se detuvo y dijo: *"Señor pasa de mí esta copa, pero que no se haga mi voluntad, sino la tuya".*

También experimentó *bullying*, cuando para burlarse de él, lo vistieron de ropas del Rey; le escupieron y latigaron. Gracias a eso hoy día tenemos vida, de lo contrario no estuviéramos aquí. Jesús dijo en Lucas 12, *"dejen la ansiedad (sentimiento de incertidumbre), no se preocupen por nada (cosas materiales, terrenales, momentáneas) más bien ocúpate de buscar y aspirar a que toda tu atención resida en las cosas espirituales, que Dios se encargará de lo demás".* Cuando ponemos nuestra atención en las cosas espirituales y eternas le damos el valor a lo realmente importante. Un ejemplo bíblico que podemos mencionar son los ladrones en la cruz, al lado de Jesús en medio de su crucifixión. Ambos ladrones reconocieron una necesidad, sin embargo, uno de ellos tenía su mentalidad muy enfocada en lo terrenal, a diferencia del otro que tenía mayor enfoque en el área espiritual. Este pidió salvación espiritual, por cuanto fue salvo. Debemos aprender del ejemplo de Jesús, puesto que manejar nuestras preocupaciones, emociones y pensamientos le puede beneficiar a nuestros familiares y a los que nos rodean.

En un curso de Inteligencia Emocional aprendí sobre la existencia de los momentos o pasos de la emoción. Los mismos son:

1. Emoción básica (ira, miedo, alegría, tristeza).
2. Pensamiento (participación de la lógica).
3. Primera conclusión.
4. Generas un nuevo estímulo que alimenta la primera emoción y esto hace surgir otra emoción.
5. Complejizamos las emociones y construimos sentimientos que nos llevan a pensar.
6. Pensamiento positivo (buscamos recursos y soluciones). Pensamiento negativo (frustración, enojo y resentimientos).
7. Accionas: Forma negativa; te enojas. Forma positiva; aceptas.
8. Se cosechan resultados (Negativos te dejas llevar por la falta de control y discutes. Positivo, no desperdicias tu energía emocional, se fortalece tu dominio propio).
9. Por último, se forman creencias (afirmaciones, pensamientos y juicios).

Como hijos de Dios debemos auto examinarnos a través de la Biblia para evaluar qué áreas debemos manejar. Las situaciones van a variar y escalar en dificultad, pero lo más importante es que Dios no permitirá que seamos tentados más allá de lo que podamos resistir y siempre nos pondrá la salida para que podamos ejercer el dominio propio (soportar). En Jesús somos libres, es decir, ya no estamos atados al pecado y tenemos poder para vencer y actuar como Dios quiere que actuemos. Algunos ejemplos en que Jesús tuvo oportunidad de demostrar su inteligencia emocional, lo fueron durante la tentación en el desierto, caminado con los discípulos, en las distintas injusticias que experimentó, estando en Getsemaní, camino a la cruz con latigazos, en la cruz, entre otros tantos.

Etiología

Las causas de las enfermedades mentales, podrían ser influencias por la genética, la biología, causas sociales, químicas o psicológicas. Estas enfermedades generan deterioro en el cumplimiento de las actividades, obligaciones y tareas diarias.

Signos y síntomas

La enfermedad mental viene con síntomas que se relacionan con los pensamientos, sentimientos y las conductas que estemos presentando al momento. Tristeza o desánimo prolongado, sentimientos o pensamientos confusos, preocupación o miedos excesivos, baja estima, cambios radicales de humor, alejarse de los seres humanos, ataques de pánico, entre otras.

Factor de riesgo

Algunos factores de riesgo empeoran o producen enfermedad mental, tales como: imposibilidad de alcanzar las metas, desesperanza, desequilibrio de los neurotransmisores, deficiencia en las habilidades de afrontamiento, dependencia de sustancias controladas, agotamiento, estrés, etc. Como cristianos podemos trabajar con los factores de riesgo que pueden ser modificados, como los psicológicos, químicos y sociales.

Los trastornos más comunes

Es importante destacar el uso de etiquetas que hace el *Manual de Diagnósticos de Trastornos Mentales* (DSM). El mismo indica que se debe separar la persona del trastorno o la enfermedad. La enfermedad mental tiene gran estigma por lo cual las personas deciden no tomar acción y no buscan ayuda, negando así la propia condición. Esto les impide tener las herramientas para poder superarla y posteriormente auto cuidarse. Una enfermedad física puede llevar como consecuencia una enfermedad mental. Algunos trastornos comunes son: estrés, ansiedad, depresión, uso y abuso de sustancias controladas, entre otros.

El estrés que se presenta, en muchas ocasiones se suma a situaciones físicas. Esto se puede deber a factores psicológicos como, por ejemplo, imaginar cosas que aún no han sucedido. Un agente estresante es cualquier cosa que afecta el equilibrio interno de tu cuerpo.

El cerebro inicia una respuesta de estrés, de lucha o huida, produciendo adrenalina y activando el sistema nervioso simpático. De esta forma, prepara al cuerpo para luchar o huir. Esta exposición de manera regular no es saludable ya que aumenta la glucosa, inhibe la hormona del crecimiento, dificulta la reparación de tejidos en adultos, aumenta la presión, riesgo de accidente cerebrovascular, infarto al miocardio, nefropatía, inhibe el sistema inmunológico, se afecta la función del sistema reproductor, entre otros. La ciencia dice que es la percepción de la persona lo que hace que el acontecimiento sea estresante. Es decir, si aprendemos a ver las cosas con un lente disminuido en fatalidad, lo tomaremos de mejor manera. Muchos factores diversos son los que hacen que una persona perciba las cosas de ciertas maneras. Las personas pueden responder de manera saludable (adaptativo) o no saludable (mal adaptativo). La persona que responde de manera adaptativa se enfoca en resolver el problema y busca apoyo social si lo necesita. La persona que responde de manera mal adaptativa se auto inculpa o evita, sin afrontar la situación.

La ansiedad, es un sentimiento o emoción de incomodidad que activa el sistema nervioso, generando la respuesta de estrés que responde a alguna amenaza desconocida. La misma difiere del miedo debido a que el miedo es una amenaza conocida. Se dice que cuando ocurre ansiedad existe biológicamente un aumento del flujo sanguíneo al sistema límbico. En el miedo, la persona reacciona para luchar o huir, pero en la ansiedad no se sabe específicamente algo real con lo que luchar o huir. De cualquier manera, sea conociendo el motivo, de manera habitual es excesivo el sentimiento al peligro real. Las personas utilizan conductas a las cuales se adaptan o no con mecanismos de afrontamiento eficaz o ineficaz.

La depresión es un estado de ánimo bajo con unos síntomas que persisten por más de dos semanas. Algunos de estos síntomas podrían ser: pérdida de energía, aumento o disminución de peso, disminución en la capacidad de pensar, pensamientos de muerte, insomnio o hipersomnio, disminución de la capacidad o interés de sentir placer en las actividades diarias, entre tantos otros. La depresión puede ocurrir por componente genético como psicosocial. Dice la ciencia que cuando un transportador del neurotransmisor de la serotonina se encuentra con respuesta de estrés, aumenta la posibilidad de depresión. Durante ésta, el sistema límbico muestra una función anormal y aumenta el riesgo de arteriopatía coronaria, accidente cerebrovascular y diabetes.

El uso de sustancias se puede convertir en abuso, dependencia y posteriormente en adicción. El uso de sustancias es realizado por las personas por distintas razones o motivos: aliviar miedo, ansiedad, dolor, alterar su percepción, aumentar su estado de ánimo o como método de socialización. Su consumo no tiene la misma consecuencia y puede destruir a las personas. La negación es muy frecuente en las personas que lo utilizan, lo cual se dificulta para que busquen ayuda y se recuperen del mismo. Algunas sustancias de las que más se abusa con frecuencia son los inhibidores o estimulantes del SNC: alcohol, opioides, sedantes, ansiolíticos, cocaína, anfetaminas, alucinógenos, inhalantes, cannabis, nicotina y cafeína. Cuando las personas tienen dependencia de estas sustancias, al no consumirlas pueden tener el síndrome de abstinencia como otras consecuencias más leves. Todo dependerá del tipo de sustancia utilizada y la cantidad. Por ejemplo, el café, es una droga estimulante del sistema nervioso que promueve un mayor rendimiento de energía. Sin embargo, cuando las personas con dependencia o adicción al café, no lo consumen, les provoca dolor de cabeza, irritabilidad, mal humor, ansiedad, taquicardia, entre otras. No es lo mismo que una persona con dependencia o adicción al alcohol que es depresor del SNC. En su ausencia (síndrome de abstinencia), les provoca irritabilidad, ansiedad, aumento de los signos vitales, alucinaciones, convulsiones y hasta la muerte. Nos podemos percatar que algunos signos y síntomas son similares, sin embargo, algunos pueden llevar a la muerte de manera directa y otros no.

¿Qué dice la ciencia y la Biblia del autocuidado psicológico?
Comprensión de la exposición con la realidad.

En Juan 8: 31-32 Jesús les dijo a los judíos que habían creído en el las siguientes palabras:*"Si ustedes se mantienen fieles a mi palabra, serán verdaderamente mis discípulos, conocerán la verdad y la verdad los hará libres".*

Tener esperanza.

"Yo se los planes que tengo para ustedes, planes para su bienestar y no para su mal, a fin de darles un futuro lleno de esperanza. Yo el Señor lo afirmo". Jeremías 29:11.

Desarrollo de un autoconcepto saludable.

" Por el encargo que Dios en su bondad me ha dado, digo a todos ustedes que ninguno piense de sí mismo más de lo que debe pensar. Antes bien, cada uno piénsese si con moderación, según los dones que Dios le haya dado junto con la fe". Romanos 12:3.

Poseer siempre actitud positiva.

"Tengan cuidado de que ninguno pague a otro al por mal. Al contrario, procuren hacer siempre el bien, tanto entre ustedes mismos como a todo el mundo. Estén siempre contentos". 1 Tesalonicenses 5:15-16.

Ser flexibles en todo sentido y resilientes.

"Pues ya saben que cuando su fe es puesta a prueba, ustedes aprenden a soportar con fortaleza el sufrimiento". Santiago 1:3.

Promover un buen descanso holístico.

"Venid a mí todos los que estáis trabajados y cargados, y yo os haré descansar. Llevad mi yugo sobre vosotros, y humilde de corazón; y hallareis descanso para vuestras almas, porque mi yugo es fácil y ligera mi carga". Mateo 11:28-30.

Desarrollar un abordaje constructivo de los conflictos y las frustraciones.

"Si alguno de ustedes le falta sabiduría, pídesela a Dios da a todos con limitación y sin hacer reproche". Santiago 1:5.

Desarrollar un propósito de vida.

"Porque somos hechura suya, creados en Cristo Jesús para hacer buenas obras, las cuales Dios preparó de antemano para que anduviéramos en ellas". Efesios 2:10.

Por su parte, en Salmos 138: 8 dice que *"Jehová cumplirá su propósito en mí".*

Controlar la conducta y relacionarse de manera adecuada con los demás.

" *No paguen a nadie mal por mal. Procuren hacer lo bueno delante de todos. Hasta donde dependa de ustedes, hagan cuanto puedan por vivir en paz con todos*". Romanos 12:17-18.

"*No te dejes vencer por el mal. Al contrario, vence con el bien el mal*". Romanos 12:21.

"*Así pues, hagan ustedes con los demás como quieren que los demás hagan con ustedes; porque en eso se resumen la ley y los profetas*". Mateo 7:12.

Desarrollar la creatividad y productividad.

"*Hermanos, no digo que yo mismo ya lo haya alcanzado; lo que si hago es olvidarme de lo que queda atrás y esforzarme por alcanzar lo que está delante, para llegar a la meta y ganar el premio celestial que Dios nos llama a recibir por medio de Cristo Jesús*". Filipenses 3:13-14.

Mantén tu mente ocupada con pensamientos saludables.

"*Por lo demás, hermanos, todo lo que es verdadero, todo lo honesto, todo lo justo, todo lo puro, todo lo amable, todo lo que es de buen nombre; si hay virtud alguna, si algo digno de alabanza, en esto pensad*". Filipenses 4:8.

Vive el presente y ocúpate de las cosas espirituales eternas.

"*Echando toda vuestra ansiedad sobre él, porque él tiene cuidado de vosotros*". 1 Pedro 5:7.

"*No se preocupen por el día de mañana, porque mañana habrá tiempo para preocuparse. Cada día tiene bastante con sus propios problemas*". Mateo 6:34.

La espera en Dios te dará recompensas. Isaías 40:31 dice "*pero los que esperan a Jehová, tendrán nuevas fuerzas; levantarán alas como las águilas; correrán, y no se cansarán; caminarán y no se fatigarán*".

4

AUTOCUIDADO ESPIRITUAL

El autocuidado espiritual evita la religiosidad y cumplir con el culto como si fuera un *"check mark"* en la lista de cosas por hacer durante el día. Y esto es porque entendemos que no se trata de apariencia, sino de ser conscientes de que, en su momento, estaremos ante un juicio donde se revelarán las verdaderas intenciones de nuestras palabras y acciones mientras vivamos en la tierra. Cuando estamos en posición de liderazgo, sea en el llamado que sea debemos tener un cuidado especial de no hacer que las personas nos miren a nosotros, sino a Cristo, quien es el verdadero énfasis. Es Él el blanco al cual debemos aspirar y mirar. Hay que recordar que solo facilitamos y proveemos herramientas que a nosotros mismos nos han funcionado, teniendo certeza de que podemos caer de la misma forma que cualquier otro. Por otro lado, tenemos como deber ayudar a los más débiles pero sin realizar las acciones y decisiones que les toca ejecutar.

Les proveemos las herramientas, pero hacemos énfasis en su responsabilidad de vida y las consecuencias de las decisiones tomadas. Por ejemplo, una persona que llega recientemente a un templo, se convierte a Cristo, se le provee de inicio un plan bíblico básico y herramientas para su crecimiento. Se debe explicar que su crecimiento dependerá del tiempo que invierta en conocer a Jesús en intimidad. Su salvación o condenación no dependerá de la asistencia al templo. Se le explica el proceso de la santificación. Se le provee la importancia del congregarse como mandato de Dios, pero no va por encima del tiempo de intimidad que cada uno dedique de manera diaria a conocer a Dios y a permitir que el Espíritu Santo sea transformándole. Esto es de suma importancia, ya que como cuerpo de Cristo debemos cuidarnos todos; podemos ser engañados y si no estamos enfocados, podemos caer en la trampa y mentira de satanás para ser usados como su instrumento.

Muchas veces podemos creernos merecedores por lo que hacemos o dejamos de hacer, tal cual sucedía con los fariseos, que teniendo la verdad de frente no fueron capaces de reconocerlo. Por eso es de suma importancia pedir y rogar al Padre por discernimiento, sabiduría, entendimiento y humildad para poder actuar según su voluntad.

En el Espíritu está la voluntad. La voluntad es esa capacidad que tenemos para decidir con libertad un deseo basado en una intención. Nuestras intenciones son las ideas o creencias que tenemos a base de nuestro pensar por la emoción procesada en el cerebro para realizar una acción. Las ideas y creencias las adquirimos mediante el conocimiento o experiencia de manera natural o espiritual. Nuestra voluntad es guiada por Dios cuando nuestras decisiones van dirigidas hacia el deseo que Él tiene para nuestra vida y con la intención correcta.

Anatomía y fisiología

La anatomía del autocuidado espiritual comienza con la fe. ¿Qué es la fe? En Hebreos 11:1 nos dice que *"Es pues, la fe la certeza de lo que se espera, la convicción de lo que no se ve"*. La estructura y la forma del autocuidado espiritual es la fe, debido a que *"sin fe es imposible agradar a Dios; porque es necesario que el que se acerca a Dios crea que le haya, y que es galardonador de los que le buscan"* Hebreos 11:6.

También podemos inferir que la anatomía para la vida eterna comienza con Jesús. ¿Cómo podemos comprender esto? Juan 14:6

"Jesús le dijo: Yo soy el camino, y la verdad, y la vida; nadie viene al Padre, sino por mí".

En Mateo 16:24, nos confirma la fisiología del autocuidado espiritual:

"Entonces Jesús les dijo a sus discípulos: si alguno quiere venir en pos de mí, niéguese a sí mismo y tome su cruz y sígame".

El negarse a sí mismo, tomar la cruz y seguir a Jesús, implica decir no a tus deseos, pensamiento y sentimientos en cualquier área de tu vida, por hacer la voluntad de Dios. Cuando le dices "no" a algo, le estás diciendo sí a otra cosa. No quieres tus deseos porque deseas ser obediente al que te llamó; esto es tenerlo como Señor, adicional de como Salvador. De esto trata la fisiología espiritual.

Podemos ver que Jesús fue el mayor ejemplo de negación en: Filipenses 2:5-8 cuando dice que*"Haya, pues, en vosotros este sentir que hubo también en Cristo Jesús, el cual siendo en forma de Dios, no estimó el ser igual a Dios como cosa a qué aferrarse, sino que se despojó así mismo, tomando forma de siervo, hecho semejante a los hombres; y estando en la condición de hombre, se humilló a sí mismo, haciéndose obediente hasta la muerte y muerte de cruz"*. Quiere decir que nuestra cabeza, nuestro abogado, fue el primero en dar ejemplo de negación, pero con mayor precio y más difícil.

Siendo Dios, se humilló hasta lo sumo por amor a ti y a mí, entonces, ¿qué nos puede costar a nosotros negar nuestra humanidad por seguir lo espiritual?

Juan 2:6 nos dice "El que dice que permanece en él, debe andar como él anduvo".

Etiología

Causas no modificables- Esta causa de enfermedad espiritual no se puede modificar, esto es, cuando la persona no ha aceptado a Jesucristo como Señor y Salvador. Le llamo causa no modificable porque solo a través de Jesucristo es que somos sanos, salvos y restaurados como lo dice en Juan 14:6 *"Jesús le dijo: Yo soy el camino, y la verdad, y la vida; nadie viene al Padre sino por mí"*.

Recordemos que se le llama causa no modificable debido a que no hay otro método para salvación que no sea Jesús. Algunos versículos que muestran la enfermedad son:

"El que en Él cree, no es condenado; pero el que no cree, ya ha sido condenado, porque no ha creído en el nombre del Unigénito de Dios". Juan 3:18.

No se podrá modificar la causa de tener condenación, al no aceptar a Cristo.

"Ahora, pues, ninguna condenación hay para los que están en Cristo Jesús, los que no andan conforme a la carne, sino conforme al Espíritu". Romanos 8:1.

Los que andan conforme a la carne tienen condenación, ya que no andan en el Espíritu.

"Por cuanto todos pecaron, y están destituidos de la gloria de Dios". Romanos 3:23.

Todos los que no acepten a Jesús como Señor y Salvador no tendrán parte en la Gloria de Dios.

"Porque la paga del pecado es muerte, más la dádiva de Dios es vida eterna en Cristo Jesús, Señor nuestro". Romanos 6:23.

El que no acepta a Cristo y el pago por el precio del pecado, ya está condenado.

Estas personas no pueden ser sanas, limpiadas, purificadas, justificadas, ni redimidas.

Causas modificables- cuando la persona acepta a Jesucristo, pero comete pecado, es posible modificar su estilo de vida reduciendo riesgo de enfermedad espiritual, ya que tendrá el Espíritu Santo para transformarle y consolarle, recordándole día a día las buenas nuevas.

Algunos versículos que muestran la modificación de la enfermedad es cuando la persona reconoce y acepta su arrepentimiento de pecado, por tanto, tiene la posibilidad de ser sano y limpio.

"Que, si confesares con tu boca que Jesús es el Señor, y creyeres en tu corazón que Dios le levantó de los muertos, serás salvo". Romanos 10:9.

Debe haber arrepentimiento de pecado, convicción y creencia en la resurrección.

"Mas a todos los que le recibieron, a los que creen en su nombre, les dio potestad de ser hechos hijos de Dios". Juan 1:12.

Los que reciben y creen en Jesús, son los que tienen la autoridad y el poder para ser hijos de Dios.

"Si confesamos nuestros pecados, él es fiel y justo para perdonar nuestros pecados, y limpiarnos de toda maldad". 1 Juan 1:9.

Para ser libres y limpios de la enfermedad debemos confesar nuestros pecados.

"De modo que, si alguno está en Cristo, nueva criatura es; las cosas viejas pasaron; he aquí todas son hechas nuevas". 2 Corintios 5:17.

En Jesús somos nuevos en propósito, visión de vida, hábitos, etc. Entramos en un proceso en el que el viejo hombre va desapareciendo porque Dios pone el querer como el hacer por su buena voluntad y va surgiendo una nueva creación mediante la intimidad con Dios.

"Porque todo aquel que invocare el nombre del Señor, será salvo". Romanos 10:13 .

Todas las personas que acudan a Jesús y se acerquen serán salvos. Deben aceptarlo no solo como salvador sino también como Señor.

Signos y síntomas

Los signos y síntomas de enfermedad espiritual son obras de la carne. Se le llaman signos y síntomas, ya que pueden ser de hombre interior como exterior. Es decir, podrían reflejarse exteriormente o pensarse y sentirse interiormente. Algunos ejemplos los encontramos en Gálatas 5:19-21, 1 Corintios 6:9-11, Romanos 1:21-32.

Algunas obras de la carne son:

Injusticias

Adulterio

Inmundicia

Fornicación

Lascivia

Idolatría

Hechicerías

Enemistades

Pleitos

Iras

Contiendas

Disensiones

Herejías
Envidias
Homicidios
Borracheras
Orgias
Afeminados
Ladrones
Avaricia
Maldad
Estafadores
Sexo anal
Perversidad
Murmuradores
Detractores
Aborrecedores de Dios
Injuriosa
Soberbios
Altivos
Inventores de males
Desobediente de los padres
Necios
Desleales
Implacables
Sin misericordia

FACTOR DE RIESGO

La edad, las etapas de desarrollo y la susceptibilidad de las perso-nas, pueden ser factores de riesgo que ocasionan enfermedad espiritual.

En el caso particular de los niños, debido al cerebro en desarrollo, están más susceptibles, porque reciben la información de manera diaria a través de los cinco sentidos y mediante sus padres como vía directa que los conecta con el mundo que los rodea. Dependen mayormente de sus progenitores y lo que aprenden en esta etapa, será clave y modelo de vida en cuanto a lo que creerán es correcto o no. Por tal razón, Jesús dice en Mateo 19:13-15 *"Dejen los niños que vengan a mí y no se lo impidan, porque de tales es el reino de los cielo".* Por su parte, en Proverbios 22:6 dice *"Instruye al niño en su camino y aún cuando fuere viejo no se apartará de él".*

Los jóvenes están expuestos de igual forma debido a que, por su etapa en continuo desarrollo, aún no están preparados para asumir ciertas responsabilidades. Sin embargo, el revuelo de hormonas y la identidad en construcción entran en una especie de combate en el que desean quizás tomar decisiones importantes para su vida, sin la debida experiencia y vivencias necesarias para afrontarlas.

Pablo le decía a Timoteo que no importaba la edad que tuviera, su manera de vivir debía ser de ejemplo para otros. La edad no debía representar ningún límite para cuidarse y vivir conforme a la voluntad de Dios.

Por su parte, los envejecientes pueden tender a pensar que ya están más cerca de la muerte por lo cual ya no tienen propósito de existencia. A ellos debemos recordarles que sin importar la edad, hasta nuestro último aliento de vida tenemos oportunidad de cumplir con la voluntad de Dios.

Condiciones preexistentes en términos espirituales, del alma o del cuerpo, pueden ser un factor de riesgo. Por ejemplo, si una persona con una diabetes ya en deterioro a la que le dan la triste noticia de que tiene gangrena y que es necesario realizar una amputación de dicha extremidad, es muy posible que su fe se debilite y represente un factor de riesgo para su salud espiritual. Podría comenzar en un proceso de cuestionamientos hacia Dios y/o puede autoinculparse y no sentirse merecedor/a de la sanidad y la presencia de Dios en su vida.

El estilo de vida puede ser un factor de riesgo ya que esto determina el crecimiento o deterioro de la vida espiritual, evidenciado por hábitos, círculo cercano de amistades, contexto social, entre otros.

Problemas espirituales dentro del cuerpo de Cristo

El desánimo en las congregaciones es muy común ya que muchas veces no tienen las energías para cumplir con la misión por exceso de compromisos de la vida rutinaria, falta de visión eclesiástica o de los líderes, falta de motivación por visión incorrecta del significado de la asistencia a la congregación o compromisos con la misma. En muchas ocasiones, también el desánimo puede llegar cuando no vemos la respuesta que deseamos al hacer la obra de Dios en nuestra vida. Pero debemos recordar que solo Dios da el crecimiento, y es soberano. Actúa cuando quiere y como quiere, y si Él fue quien nos envió y hacemos lo que nos dice, no debemos preocuparnos por nada. Algunos versículos que podemos añadir para animarte es recordar que Dios siempre estará contigo y que si le buscas le encontrarás, Isaías 41:10 dice que *"No temas porque yo estoy contigo; no desmayes, porque yo soy tu Dios que te esfuerzo; siempre te ayudaré y siempre te sustentaré con la diestra de mi justicia"*. Así mismo, Gálatas 6:9 dice *"No nos cansemos, pues, de hacer bien, porque a su tiempo segaremos, sino desmayamos"*. En Deuteronomio 31:6-8 dice *"Esforzaos y cobrad ánimo; no temáis, ni tengáis miedo de ellos, porque Jehová tu Dios, es el que va contigo; no te dejará, ni te desamparará"*. Estos versículos están escritos bajo contextos y circunstancias distintas, sin embargo, el mensaje sigue siendo el mismo: una invitación a animarnos pese a lo que estemos pasando.

La disminución o ausencia de disciplinas espirituales, puede llevar a una enfermedad espiritual. Y esto porque justamente ahí, en la disciplina, es que reside la fuente misma de esa comunión con Dios. En la Biblia, de manera regular nos dice que debemos ejercer estas disciplinas. Algunas de las más comunes que debemos practicar con mayor frecuencia son: oración, lectura de la palabra, meditación, ayuno, adoración a través del agradecimiento, entre otras. Estas disciplinas deben practicarse de manera consistente ya que ayudan a mantener un orden en nuestra vida y, así mismo, al cumplimiento de su voluntad. La Biblia dice en cuanto a la oración y agradecimiento en 1 Tesalonicenses 5: 17-18 que *"Oren en todo momento. Den gracias a Dios por todo, porque esto es lo que él quiere de ustedes como creyentes en Cristo Jesús"*. En cuanto a la lectura bíblica, 2 Timoteo 3:16-17 dice que *"Toda escritura está inspirada por Dios y es útil para enseñar y reprender, para corregir y educar en una vida en rectitud. Para que el hombre de Dios esté capacitado y completamente preparado para hacer toda clase de bien".* La lectura de ésta nos ayudará a estar preparados para hacer toda clase de bien. En adición, es la espada que nos escudriña y nos ayuda a vencer en la batalla espiritual ayudándonos a escoger el camino correcto para no tropezar.

Salmos 119:105 nos dice que *"Lámpara es a mis pies tu palabra, y lumbrera a mi camino".*

La meditación te ayudará a ser productivo y cumplir con todo lo que Él te envíe a hacer. Salmos 1:2-3 dice *"sino que pone su amor en la ley del Señor y en ella medita noche y día. Ese hombre es como un árbol plantado a la orilla de un río, que da su fruto a su tiempo y jamás se marchitan sus hojas. ¡Todo lo que hace le sale bien!"*

Sobre el ayuno, la Biblia nos dice que debemos hacerlo de manera secreta, es decir, que nadie tenga conocimiento de los sacrificios que estés haciendo para tu crecimiento espiritual, puesto que eres tú con Dios solamente. Mateo 6:17-18 dice *"Pero tú, cuando ayunes, perfúmate la cabeza y lávate la cara para que no sea evidente antes los demás que estás ayunando, sino solo ante tu Padre, que ve lo que hace en secreto; y tu Padre, que ve lo que hace en secreto, te recompensará".*

Es de vital importancia desarrollar el discernimiento tanto en las congregaciones, como en nuestra vida personal, teniendo una vida espiritual plena. Sabemos que satanás es el padre de toda mentira, por tanto, como en las tentaciones de Jesús, se acercará con verdades a medias para que dudes de lo mismo que crees. En muchas ocasiones utilizará la misma Biblia fuera del contexto para hacerte caer, con palabras a su conveniencia, hasta llevarte a la duda y al pecado. Recuerda que la duda es lo contrario a la fe. Satanás vendrá como ángel de luz y como oveja, no vendrá de manera reconocible. Por tanto, es tan crucial pedir a Dios discernimiento.

La falta de discernimiento nos puede llevar a ser hijos desobedientes y llevar a otros a pecar de la misma forma. En Mateo 24:24 dice *"Porque vendrán falsos mesías y profetas; y harán grandes señales y milagros, para engañar, a ser posible, hasta los que Dios mismo ha escogido".* Por eso podemos decir que cada uno podemos caer en la mentira de satanás. Un ejemplo de esto se encuentra en 1 Reyes 13:11-

32, es una historia donde Dios mismo habla a un profeta y le da unas indicaciones. El profeta cuando fue tentado por el rey lo reconoció, venció la tentación y se fue. Sin embargo, cuando salió por el camino, se encontró con un profeta viejo que le dijo que había sido enviado por un ángel del Señor. Que él también era profeta y le dio indicaciones contrarias de las que ya había recibido. El profeta se dejó llevar por el supuesto profeta viejo y desobedeció a Dios; esto le trajo la muerte. Este ejemplo puede ser aplicable al día de hoy cuando vemos personas, líderes, profetas, pastores, que nos dirán que vienen de parte del Señor, y nos desenfoquen siendo instrumentos (sin quererlo) de satanás, o puede que sea intencionadamente, que sean lobos vestidos de ovejas y nos lleven a desobedecer la voz de Dios. Esto es sumamente peligro porque si tu relación con Dios no está fortalecida mediante el autocuidado y tienes inseguridad de tu identidad en Dios, fácilmente te engañarán y pensarás que eso es lo que Dios quiere para ti.

Como también, si te han hecho *bullying* espiritual por algún pecado cometido y te han hecho sentir menos merecedor que otro, también bajas la cabeza y no te sientes digno de ir al Padre; solo vives para complacer al que te observa desde las apariencias. La voz de Dios siempre será más importante que la de los demás, sea el líder espiritual que sea. Muchas veces, puede que la confusión venga de tus más allegados y no del desconocido. El discernimiento nos ayuda para poder reprender aún dentro de nuestra congregación a quien esté hablando mentira de satanás. Recuerda que el trigo crece con la cizaña. Por tanto, todos los días ruégale al Padre en tu oración que te de discernimiento:

"Muéstrame Padre, por favor porque no quiero caer en la mentira de Satanás, quiero hacer tu voluntad. Enséñame a vivir como tú quieres que yo viva, porque sé que separada de ti, nada puedo hacer".

Debemos sincerarnos con Dios y pedir perdón, arrepentirnos si en algún momento en la petición de discernimiento Dios nos muestra que estamos llevando a otros a pecar o nosotros mismos hemos pecado y desobedecido.

La falta de congregarse es algo que nos puede debilitar, desenfocar y también podemos caer en desobediencia fácilmente. El ser humano es un ser gregario, necesita estar con personas porque Dios nos creó para andar con alguien más. En numerosas ocasiones en Proverbios, se habla de la importancia de saber el círculo de las personas con las que te rodeas, que te ayudan a proseguir a tu meta o, todo lo contrario. Tus amistades, de manera rutinaria, deben ser personas que te edifiquen y construyan. Lo mismo pasa al congregarse. La importancia de congregarse reside en que podamos juntos cumplir la misión por la cual fuimos creados: adorar a Dios y cumplir con la gran comisión. Somos un cuerpo y debemos edificarnos con los dones que Dios nos dio unos a otros para fortalecernos y seguir peleando la buena batalla.

Debemos recordar que cada persona se debe enfocar en su propósito. Aunque la función dentro del cuerpo sea distinta en todos, no quiere decir que alguien sea más importante que otro. Imaginemos que el corazón de nuestro cuerpo le diga al pulmón que él es más importante porque es el que bombea la sangre a todo el cuerpo. El pulmón fácilmente puede decirle "pero soy yo quien realiza el intercambio de gases y la oxigenación" y por otro lado la sangre esté quejándose porque quiere hacer el trabajo del riñón. Hermanos, esto no debe ser así, cada uno debe enfocarse en su misión, sin juzgar al otro, porque estamos en el mismo barco. No nos corresponder tomar el papel de juez, solo Dios juzgará como único Omnisciente, el que conoce y escudriña las intenciones de los corazones. Debemos recordar contra quién verdaderamente es nuestra lucha, y con la biblia reprender en amor, pero con el cuidado de que nosotros mismos no tropecemos.

Lo más importante es pedir dirección al Padre para todo. Muchas son las razones que llevan a las personas a dejar de asistir a los templos. Algunas de éstas son la hipocresía de las personas, las murmuraciones, el juicio tipo fariseo, la disciplina no impuesta por Dios, no desarrollarse dentro de la iglesia, esto quiere decir que no disciernan el llamado que tienes en Dios y lleves muchos años sentado en el banco, entre otras cosas. Hay que reconocer que muchas veces hemos cometido estos errores y podemos hacer que una persona que esté comenzando, se aleje. Pero lo importante es reconocerlo y orar *"Padre muéstrame por favor a quien he herido para pedirle perdón, abrazar y ayudar en el caminar; quiero ser un hijo fiel y cumplir la regla de oro a cabalidad"*. Hay un punto importante aquí que podemos ver en Hebreos 10:25, sobre la desobediencia si no llegan al templo.

En muchas ocasiones, podemos evaluar que existen distintas razones justificadas por las cuales una persona no pueda llegar al templo y eso no quiere decir que se está dejando de congregar. Por ejemplo, cuando Jesús habló de congregarse, un aspecto importante que mencionó fue que*"Donde hay dos o más en mi nombre, ahí estoy yo en medio de ellos"*. Entonces, para congregarse solo hacen falta dos personas. Esto no es razón para dejar de ir al templo, sino para crear conciencia de que la importancia del congregarse empieza desde el hogar, con tu vecino o hasta con tu familia.

La salvación no depende de asistir al templo como un *"check mark"* para cumplir socialmente, sino que debe haber un compromiso genuino con el evangelio y los propósitos divinos. Jesús hacía milagros, sanaba y salvaba y les decía a las personas "ahora ve y haz tu lo mismo". Por tanto, te animo a que ores a Dios y que te lleve a congregarte al lugar donde Él quiera ponerte. Recuerda que existen muchos fines para congregarse, desde la edificación, para animarnos, exhortarnos, reprendernos, crecer, desarrollarnos, enseñarnos unos a otros, entre tantos otros propósitos.

La falta de evangelismo y discipulado es otro de los problemas importantes dentro de las congregaciones, sea porque no salgan a realizarlo, como puede que lo están haciendo de manera incorrecta. La gran comisión es lo más grande que Jesús nos encomendó antes de ascender. En Mateo 28:19-20 dice *"Vayan, pues, a las gentes de todas las naciones, y háganlas mis discípulos; bautícenlas en el nombre del Padre, del Hijo, y del Espíritu Santo, y enséñenles a obedecer todo lo que les he mandado a ustedes. Por mi parte, ya estaré con ustedes todos los días, hasta el fin del mundo"*. Aquí quiero destacar varios puntos:

Hoy día lo menos que estamos haciendo es lo que Jesús nos encomendó. Antes de los cinco ministerios que podamos tener, Él nos envió a cumplir una misión. Ese es un mandato imperativo, de ir si somos discípulos de Jesús. Jesús no dijo "vengan", sino que su revolución hacía que las personas llegaran donde Él estaba, mientras caminaba.

En muchos lugares, el evangelismo que se practica es ir y entregar un tratado o tarjeta como invitación a nuestra iglesia sin hablarles de Cristo. Ni si quiera a nivel empresarial, tipo multinivel se hace así. Primero se enseña el producto y luego si la persona acepta, se hace una reunión, se le explica con más detalle y luego se convierte se termina una venta. El templo no es el fin del evangelismo, presentar a Cristo como Señor y Salvador y la buena noticia, sí lo es. Hubo muchos casos con Jesús, en que las personas fueron salvadas, redimidas, sanadas y restauradas y no llegaron al templo. Un ejemplo de esto lo fue el ladrón en la cruz. No tuvo tiempo de bautizarse, o de asistir al templo, y aún así se arrepintió y fue salvo. Nunca sabemos cuándo es el último día y horas de las personas.

El evangelismo va de la mano con el discipulado. El mandato de Jesús fue ir, predicar, bautizar y enseñar; no solo ir. Se debe dar énfasis en las demás partes de la gran comisión y también el seguimiento. Hoy día, vemos mucha problemática en esto y por eso vemos déficits dentro de las congregaciones. El evangelismo de Jesús fue relacional.

Jesús en la gran comisión nos invita a ir, dejando saber que debemos predicar la buena noticia, bautizar y enseñar. Lo primero es predicar el plan de salvación, antes de invitar a que sea parte de la congregación. Es mejor una vida salva donde sea que se encuentre, a un templo lleno de gente que no sean salvos.

Debemos promulgar la buena noticia de la libertad de pecados aquí en la tierra si nos arrepentimos y comenzamos una nueva vida en su nombre; las buenas nuevas de vida eterna en su presencia; victoria en medio de las batallas, porque Él está con nosotros; y la preparación para morar con Él, cuando venga por nosotros y los muertos resuciten. ¡Qué belleza y amor para los que lo aceptan y lo siguen! Debemos enseñarles a las personas la consecuencia de la decisión de aceptar o rechazar. Hacerles ver la gravedad del asunto.

Dios es amor, pero también fuego consumidor. Dios no puede habitar con el pecado, es por eso que Cristo es intermediario. Nos ama y por eso envió a su Hijo. Solo en Él somos justificados; ya lo dio todo. Su amor consiste en que siendo Dios, un ser supremo, no nos necesita, ni siquiera tener que relacionarse con nosotros. Sin embargo, no quiere que su creación perezca y por eso vino a morir por nosotros para rescatarnos.

Debemos aprender cómo acercarnos a las personas. Juan decía *"arrepiéntanse porque el reino de los cielos se ha acercado"* y ahí mismo se bautizaban. No tenían un protocolo de tres meses para poder bautizarse. Ese proceso de discipulado y enseñanza iba después. La conversación de Jesús con Nicodemo y la mujer samaritana fue totalmente diferente, pero al final resumió con la nueva vida en Jesús, donde está la salvación.

Jesús dice que debemos enseñarles a obedecer todo lo que Él mismo les enseñó. Hoy día vemos que de lo menos que se predica es de Jesús o se vive enfocando en obedecer el antiguo pacto, vivir como los israelitas, entre otras cosas. Si Jesús es nuestro salvador, nuestro énfasis mayor es mostrar sus enseñanzas como método de discipulado.

Un recordatorio importante, es que antes de cada salida debemos orar y pedir dirección al Padre para que nos de las palabras específicas y nos encuentre con las personas que están esperando recibir esa respuesta. Muchas veces no se ven resultados de los evangelismos porque no se va con la mentalidad y espíritu correcto de evangelizar. Cuando dejamos que sea el Espíritu que nos dirija, podemos estar convencidos que actuamos según su voluntad. Como por ejemplo, Jesús les dijo a sus discípulos que esperaran la dirección y llenura del Espíritu Santo para salir, y el resultado en Hechos fue especial y de acuerdo con su voluntad. Cuando salimos de manera carnal, no pasa nada. Si salimos de manera espiritual, bajo su voluntad ocurren cosas sobrenaturales.

¿Qué dice la Biblia acerca del autocuidado espiritual?

Entregar nuestra vida totalmente a Él, de manera diaria. Necesitamos entregar todo nuestro ser a Él para ser transformados. En

Romanos 12:1 nos dice *"que nos entreguemos como sacrificio vivo, santo y agradable a él"*, porque es el verdadero culto que se puede razonar. Antes de andar levantando las manos en el templo, mi vida entera es una constante adoración a Dios. Dios no esta en una silla esperándote en el templo; Él esta en todo lugar y en todo momento. Si todos como cuerpo de Dios hiciéramos lo mismo en todo momento, podríamos ver la gloria de Dios de manera especial en cada lugar donde vayamos.

Practicar las disciplinas espirituales. Debemos de manera diaria pedir a Dios que nos ayude a transformar nuestra mente, como dice en Romanos 12:2 *"para comprobar cuál es la voluntad de Dios la cual es buena agradable y perfecta".*

Ponernos la armadura. Cuando hablamos de armadura podemos decir que es algo que nos protege y nos ayuda a ganar una batalla. Diariamente, tenemos una batalla espiritual que enfrentar. En Romanos 8:37 nos habla de que *"somos más que vencedores en Jesús"* y de la manera que vencemos todos los días es colocándonos la armadura que nos dice en Efesios 6:10-18. Nuestra lucha no es contra seres humanos, por tanto, debemos utilizar la armadura espiritual.

Cumplir con nuestra misión y propósito de vida Como dice en Romanos 12:3 en adelante. Debemos enfocarnos en humildad, hacer nuestra parte como cuerpo. Ya que rendiremos cuentas de lo que decimos y hacemos, no de lo que los demás hagan o dejen de hacer.

Por su parte, la alabanza es sumamente poderosa ya que nos ayuda a ver las grandezas de Dios. A través de ella recordamos sus maravillas en nuestra vida. En Salmos 34 nos dice que *en todo momento practiquemos la alabanza. Digno y merecedor de todo.* La alabanza es un método a través del cual hacemos ver al mundo y a nuestra mente que le pertenecemos a Él y que solo Él merece toda alabanza. *Salmos 150:6 "¡Que todo lo que respira alabe al Señor! ¡Aleluya! ¡Alabado sea el Señor!".*

5

AUTOCUIDADO Y PREVENCIÓN

"*La prevención son actividades para evitar la enfermedad; cualquier medida que limite la progresión de una enfermedad en cualquier punto de su evolución (LeMone & Burke 2009)*".

Prevención primaria

La prevención primaria son acciones de promoción general o específica que evitan o retrasan la aparición de la enfermedad.

Prevención primaria física

Protegerse frente a factores ambientales, comer alimentos sanos, acatar leyes como cinturón de seguridad, asesoramiento sobre planificación familiar, eliminar consumo de alcohol o cigarrillos, etc.

Prevención primaria emocional

Orientación sobre autoestima sana, modelos de inteligencia emocional Gardner, Goleman, Salovey, Mayor, estado de ánimo general positivo, relaciones interpersonales saludables, etc.

Prevención primaria mental

Orientación sobre trastornos mentales, proceso de pensamientos y actividades prácticas que promuevan pensamiento positivo, afrontamiento eficaz, etc.

Prevención primaria espiritual

Orientación sobre las obras de la carne, promover la relación íntima con Dios, disciplinas espirituales, vida en el espíritu, etc.

Prevención secundaria

"Este nivel implica actividades que subrayan el diagnóstico y tratamiento tempranos de una enfermedad que ya está presente, para detener el proceso patológico y hacer posible que la persona vuelva a su estado anterior de salud lo antes posible (LeMone & Burke, 2009)".

Prevención secundaria física

Realizar exploraciones físicas, laboratorios de condiciones como DM, HTN y glaucoma, pruebas diagnósticas, autoexploración, tratamiento específico de la enfermedad, etc.

Prevención secundaria emocional

Tratar los trastornos de ansiedad, falta de control mediante prácticas que ayuden y eviten empeorar la situación, codependencia emocional, relaciones toxicas, etc.

Prevención secundaria mental

Trabajar con pensamientos negativos, pensamientos de autodestrucción, percepciones erróneas de las personas, pensamientos de persecución, etc.

Prevención secundaria espiritual

Manejar las obras de la carne de manera ocasional como murmuraciones, mentiras, etc. Evitar que se convierta en un patrón.

Prevención terciaria

Este nivel se concentra en devolver al individuo a que ocupe un lugar en la sociedad que, no importando la incapacidad en la que se encuentre, pertenece. Aquí las actividades giran sobre todo en torno a la rehabilitación.

Prevención terciaria física

Tratamiento médico o quirúrgico, programas de rehabilitación específicas, traumatismo craneal, accidente cerebrovascular.

Prevención terciaria emocional

Relaciones con círculos viciosos, adicción en relaciones con maltrato emocional, autodestrucción emocional, etc.

Prevención terciaria mental

Pensamientos suicidas, homicidas, ocasionar daño a las personas en la reputación o testimonio de alguna forma, etc.

Prevención terciaria espiritual

Trabajar con las practicas insanas de las obras de la carne de manera rutinaria.

Aplicación

Debemos de manera intencional realizar una introspección para visualizar en qué lugar nos encontramos y a partir de ahí seguir trabajando, mientras ayudamos a nuestros hermanos. Siempre será mejor trabajar con la prevención para evitar los momentos de crisis agudas y/o evitar daños colaterales.

Hace unos años, creé una frase donde combino lo que hago como profesión, con el ministerio y es que *"todos somos enfermeros en el cuerpo de Cristo, ya que practicamos el autocuidado y enseñamos a otros a cómo realizarlo"*.

Se debe proveer herramientas para que los hermanos (pacientes) aprendan a trabajar con lo que no pueden trabajar, es decir, promovemos que la persona sea lo más independiente posible del profesional de la salud. El médico ofrece unas indicaciones, así como lo hace Dios a través de la Biblia, pero todo depende del paciente (hermano) si sigue las indicaciones que se le están brindando para su bienestar. Y aunque se vuelva a enfermar de lo mismo, el médico siempre está ahí para volverlo a atender. Ahora, si ese paciente no busca la ayuda requerida y no hace los cambios adecuados que se le recomienda, se puede morir.

No es tarea de los profesionales de la salud ni de los hermanos en Cristo, criticar a quien presenta descuido físico, mental, emocional y/o espiritual. Por el contrario, nos corresponde responder en amor, como Dios lo hace con nosotros, sin preguntar ni cuestionar.

Maneras de aplicar el autocuidado preventivo mediante los sentidos.

El ser humano actúa en consecuencia de lo aprendido mediante las fuentes de información que recibe a través de los estímulos del ambiente que percibimos por los cinco sentidos. De éstos cinco sentidos, haré especial énfasis en dos de ellos que son sumamente importantes y esenciales, para lograr cumplir con el propósito de Dios: la vista y el oído. Es vital recordar que para auto cuidarnos, debemos promover actividades que nos ayuden en las prevenciones primaria, secundaria y terciaria. Por ejemplo, una persona en depresión debe ser selectivo con las que cosas que observa y escucha en medios o redes, porque de esto dependerá su progresión , tanto positiva como negativa.

Considero estos dos sentidos extremadamente importantes ya que tienen un gran poder en nuestra vida como cristianos y sobre lo que podemos dar a las personas que nos rodean.

Vista

Bien es sabido que la vista ha sido el sentido más estudiado y que el 70% de los receptores sensoriales del cuerpo, se encuentran en los ojos. En otras palabras, la vista es la encargada de la mayor parte de nuestro aprendizaje y se dice que los ojos son la extensión del cerebro. Todo lo vemos mediante las fibras del tracto óptico que realizan la sinapsis con las neuronas del tálamo, los cuales llegan hasta el lóbulo occipital del cerebro. Por esta razón, es de vital importancia que cuidemos todo lo que vemos porque de eso se llenará nuestra mente. Podemos decir bíblicamente que de la abundancia de la mente (corazón) habla la boca. De lo que nos llenamos en cuanto a lo que vemos, eso hablaremos. Por eso dice que de un árbol bueno no puede salir fruto malo, porque el árbol se conoce por su fruto, y el fruto es producto de una semilla que fue plantada y regada. Es así cómo nuestra mente tendrá información mayormente por lo que vemos.

Audición

El cerebro funciona con ondas. Dichas ondas sonoras golpean el tímpano y hacen que vibren. Posteriormente se activa el movimiento de los líquidos del oído interno, a través de la vibración del tambor poniendo alerta los receptores auditivos. Luego de la estimulación, las células capilares transmiten impulsos al nervio coclear hasta la corteza auditiva del lóbulo temporal del cerebro. Las ondas delta son las bajas en frecuencia que se producen cuando las personas están dormidas, porque trabajan en la conciencia, representando fuentes de curación y regeneración del cuerpo. Las ondas cerebrales alfa, se producen en los estados de meditación y antes de dormir. Inducen en el poder de estar en el aquí y ahora, viviendo el presente. Las ondas cerebrales beta, dominan nuestro estado de conciencia cuando nos encontramos despiertos. Todo lo que escuchamos, lo procesamos debido a las millones de neuronas conectadas del conducto auditivo a nuestro cerebro. El cerebro convierte todos los sonidos en significados por eso es de vital importancia que todo lo que escuches sea edificante, para crear en tu mente la información correcta.

Algunas actividades como el ejercicio y la meditación, ayudan a estimular las ondas del cerebro que, a falta de ellas, ocasionan problemas como el insomnio, ataques de pánico, depresión, irritabilidad, entre otros. En el Salmo 1, nos motiva a meditar en la Palabra ya que por ella tendremos grandes beneficios.

¿Qué dice la Biblia acerca de lo que vemos?

Estos dos sentidos se conectan en distintas partes del cerebro, y hace que el mayor aprendizaje del ser humano se de mediante lo que se ve, de manera física o espiritual. En la Biblia están escritos muchos versículos que nos habla a cerca de los ojos, de manera literal y simbólica. Tanto del cuidado de Dios hacia nosotros, como de que debemos cuidarnos de lo que observamos. Nuestros ojos transmiten la luz para realizar imágenes en nuestra mente. Por ejemplo:

Job 31:1 *"Hice pacto con mis ojos; ¿Cómo, pues, había yo de mirar a una virgen?"*

Salmos 121:1 *"Alzaré mis ojos a los montes; ¿De dónde vendrá mi socorro?"*

1 Juan 2:16 *"Porque todo lo que hay en el mundo, los deseos de la carne, los deseos de los ojos y la vanagloria de la vida, no proviene del Padre sino del mundo".*

Proverbios 4:20-21 *"Hijo mío, está atento a mis palabras; inclina tu oído a mis razones. No se aparten de tus ojos; guárdalas en medio de tu corazón".*

Hebreos 12:2 *"A puesto los ojos en Jesús, el autor y consumador de la fe".*

1 Samuel 16:7 *"Y Jehová respondió a Samuel: No mires su parecer, ni a*

lo Grande de su estatura, porque yo lo desecho; porque Jehová no mira lo que mira el hombre; pues el hombre mira lo que está delante de sus ojos, pero Jehová mira el corazón".

Mateo 6:22-23 *"La lámpara del cuerpo es el ojo; así que, si tu ojo es bueno, todo tu cuerpo estará lleno de luz, pero si tu ojo es maligno, todo tu cuerpo estará en tinieblas. ¿Cuántas no serán las mismas tinieblas?"*

¿Qué dice la Biblia en cuanto a lo que escuchamos y el poder de la palabra?

La palabra tiene gran poder de crear porque con ella construimos o destruimos. Con la palabra Dios creo el universo. Por eso es importante examinar siempre lo que decimos y pensar antes de hablar. En la Biblia existen numerosos versículos que nos habla acerca de la importancia de dominar lo que decimos y el efecto de escuchar. Es decir, el poder de las palabras. Algunos ejemplos podrían ser:

Proverbios 18:21 *"La vida y la muerte dependen de la lengua; los que hablan mucho sufrirán las consecuencias".*

Lucas 6:45 *"El hombre bueno dice cosas buenas porque el bien está en su corazón, y el hombre malo dice cosas malas porque el mal está en su corazón. Pues de lo que abunda en su corazón habla su boca".*

Romanos 10:17 *"Así pues, la fe nace al oír el mensaje, y el mensaje viene de la palabra de Cristo".*

Santiago 1:19 *"Recuerden esto, queridos hermanos: todos ustedes deben estar listos para escuchar; en cambio deben ser lentos para hablar y para enojarse".*

Proverbios 10:19 *"El que mucho habla, mucha yerra; callar a tiempo es de sabios".*

Proverbios 15:1 *"La respuesta amable calma el enojo; la respuesta violenta lo excita más".*

Santiago 3:2 *"Todos cometemos muchos errores; ahora bien, si alguien no comete ningún error en lo que dice, es un hombre perfecto, capaz también de controlar todo su cuerpo".*

EFECTO **de la música en nuestro cerebro**

Un día, un amigo ingeniero de sonido y productor de artistas me dijo "la frecuencia ayuda a estimular el cerebro, pero a la hora de hacer una canción, es la escala de la música la que se utiliza junto con la progresión de los acordes, para lograr lo que quieren con las personas". Tiene lógica porque el cerebro es estimulado a través de las ondas. Por eso es de suma importancia la música que escuchamos.

Si quieres hacer una canción que sea alegre, utiliza tonos mayores, y si quieres hacer que una canción sea triste, utiliza tonos menores. Sumándole la letra, es decir, las palabras, hacen gran efecto en las personas y que la canción produzca una serie de emociones, sentimientos y pensamientos que transforman los hábitos y estilo de vida de las personas.

Otro aspecto importante aquí es que a través de la música alabamos a Dios. Cuando alabamos a Dios nos escuchamos y estamos nuevamente devolviendo un mensaje a nuestro cerebro de que le pertenecemos a Él, agradecemos la redención, justificación, ejercemos uno de nuestros propósitos en la tierra por libre albedrío, etc. También por eso es importante la oración y el confesar, porque adicional a que nos conectamos al Padre también nuestro cerebro escucha, y esto hace efecto en nuestro cerebro. El poner la Biblia audible mientras conducimos, dormimos o limpiamos, por ejemplo, hace que accionemos, y nuestro discernimiento esté más susceptible. De esta manera, podemos memorizar más fácilmente, recibimos respuestas a peticiones y nuestro cerebro está escuchando de manera continua palabra viva y eficaz de nuestro Creador; esto nos ayudará a hacernos semejantes a Él.

Efecto Holístico del Fruto del Espíritu

Es importante recordar que para la vida del cristiano es sumamente importante desarrollar las virtudes del fruto del Espíritu y esto lo logramos mediante el autocuidado. Sin embargo, ¿a qué se refiere cuando se habla de "frutos"?

Un fruto es el producto de una semilla plantada. Es una parte que se transforma y que contiene más semillas dentro. Así que en general, un fruto tiene la capacidad de producir un beneficio para lograr un fin determinado. Cuando hablamos bíblicamente de que una persona es guiada por el Espíritu de Dios, es porque decimos que existe una evidencia de tal aseveración.

La evidencia de un cristiano lleno del Espíritu Santo es cuando desarrolla al máximo las virtudes de ese fruto que nos fue plantado al aceptar a Jesucristo como Señor y Salvador. El Espíritu Santo nos fue dado por Dios a fin de producir esas virtudes en nosotros, para ser transformados de manera holística y mostrar así en todo sentido que somos Hijos de Dios. No hay ley que condene una persona que vive guiada por el Espíritu de Dios.

Es importante hacer énfasis de que el hecho de que fallemos en alguna de las nueve virtudes no significa que no tenemos al Espíritu Santo, sino que debemos desarrollar aún más esa virtud. Éstas son: amor, gozo, paz, paciencia, benignidad (amabilidad), bondad, fidelidad, humildad y dominio propio.

Las personas que son espirituales son diferenciadas por lo que produce el Espíritu en ellos, pero las carnales son diferenciadas por sus obras. Jesús decía en Lucas 6:43-44 que *"Un árbol bueno no da fruto malo. Tampoco un árbol malo puede dar fruto bueno. El árbol se conoce por su fruto"*. La persona guiada por el Espíritu, mostrará tal evidencia y seguirá desarrollando las virtudes partiendo de la premisa de que cada día las pruebas de vida serán a niveles retantes de acuerdo con lo alcanzado, para seguir siendo transformadas. Necesitamos profundizar en nuestra relación con el Espíritu a fin de evidenciar que somos guiados por Él y en agradecimiento no acallar su voz, cada vez que nos redarguye de pecado y nos guía.

La pregunta que debemos hacernos es: ¿Cómo esas virtudes se manifiestan en el ser holístico y con el prójimo? Algunos ejemplos de cómo las virtudes pueden trabajar en el aspecto holístico son los siguientes:

Amor

Esta virtud es la primera y la más importante, sin embargo, la más difícil. Es el más grande mandamiento que nos dejó Jesús, porque nos está hablando del poder brindar el amor ágape, a todos. Ese amor descrito en 1 Corintios 13:4-7. Cuando sustituimos la palabra "amor" por nuestro nombre, la perspectiva que tenemos de él cambia y se internaliza mejor.

Nathalee es paciente

Espíritu: Memorizar y meditar en la palabra. Ejemplo: Pacientemente esperé al Señor, y se inclino a mí y oyó mi clamor.

Alma: Controlar pensamientos. Pensar en la obediencia y en la recompensa.

Cuerpo: Hacer cosas que contribuyan a la espera. Dirigir tu acción a otras cosas.

Nathalee es bondadosa

Espíritu: Orar y ministrar a otros lo que por gracia recibimos. Brindar palabras de aliento al caído.

Alma: Generar pensamientos y emociones positivas mediante técnicas que promuevan la felicidad.

Cuerpo: Abrazar, reír, alimentar al necesitado, etc.

Nathalee no es envidiosa

Espíritu: Alegrarme por los avances espirituales de líderes o cualquier cosa que ayude y beneficie la salvación de las vidas.

Alma: Brindar palabras positivas en cuanto a proseguir logrando metas dentro del reino y la voluntad de Dios.

Cuerpo: Ayudar, proveer, participar en cualquier actividad para el reino y la voluntad de Dios, sin importar mi opinión de cómo debería ser la actividad.

Nathalee no es jactanciosa, ni orgullosa

Espíritu: No presumir ni alardear por lo que Dios hace conmigo o a través de mí. No esperar exceso de reconocimiento ni aplausos porque quien hace la obra y voluntad es Dios y el Espíritu que convence y nos da lo que necesitamos. No tener exceso de estimación hacia los méritos propios porque solo en Dios y de Dios vienen las acciones y el querer.

Alma: Tener sumo cuidado que la automotivación no caiga en delirios de grandiosidad, sino que mentalmente pensamos que podemos en Jesús porque en Él reside nuestra fortaleza.

Cuerpo: Recordar que debemos ayudar al necesitado sin importar lo que haga o diga, y sin mirar por encima del hombro. Mientras más título más grande debe ser la toalla para lavar los pies, y mientras más preparación, más sabrás cómo bajar la rama para que las ovejas coman y así sean fuertes y saludables.

Espíritu: Tener cuidado en la manera de llevar el mensaje de Jesús sin quitar la verdad. No manipular a mi conveniencia. Hay que recordar que con la misma vara que mido seré medida.

Alma: Actitud asertiva con el prójimo, pero llevando la verdad del evangelio.

Cuerpo: Cuidar el tono, actitud, expresión facial y expresión corporal al llevar un mensaje.

Nathalee no es egoísta

Espíritu: Jesús fue el mejor ejemplo buscando el bienestar nuestro primero. Ejemplo: Voy camino a la iglesia, pero veo una necesidad en la calle y me detengo a ayudar y suplirla aunque eso implique llegar tarde al culto ese día.

Alma: Pensar en cómo las actividades que realizo benefician y edifican primordialmente a otros antes que a mí.

Cuerpo: Compartir al necesitado cualquier cosa requerida. También puedes ceder tu lugar cuando alguien lo necesite.

Nathalee no se enoja fácilmente, ni guarda rencor.

Espíritu: Recordar la paciencia y misericordia que Dios tiene conmigo para extenderla a otros. Orar en todo momento. Ver que las situaciones son oportunidad de crecimiento espiritual.

Alma: Darle valor e importancia a las cosas que tienen valor e importancia. No tomar las cosas personales. Desligar las acciones de las personas, y no etiquetarlas. No dejar que lo que otros hagan te afecte porque te conviertes en esclavos de ellos, de la situación o circunstancia. El perdonar a la persona que te hirió se hace fácil cuando haces énfasis en la necesidad del que te hirió.

Cuerpo: En las diversas circunstancias practicar ejercicios de respiración y actividad física.

Nathalee no se alegra de la injusticia, sino de la verdad

Espíritu: Orar para que Dios tome el control de la situación, la verdad salga a la luz y por misericordia del que la necesita.

Alma: Apoyar a la persona que lo necesita, pero sobre todo

recordar que de todas las cosas se puede sacar un bien. No preguntar el por qué ocurren sino el para qué y qué puedo aprender de ello.

Cuerpo: Buscar técnicas que disminuyan la adrenalina, contrastando con algún método: biblia audible, audiolibros, musicoterapia, actividad física, entre otras técnicas.

Nathalee todo lo disculpa, todo lo cree, todo lo espera y todo lo soporta

Espíritu: La regla de oro es crucial: hacer lo que quiero que hagan conmigo. Hay que recordar que seremos perdonados de acuerdo a como perdonemos a otros. No te olvides que a pesar de fallarle a Jesús día y noche, sigue creyendo en nosotros y trabajando porque el que comenzó la buena obra, la perfecciona día a día. Seguir en la espera y soportar todo sufrimiento porque eso significa que el que quiera ser discípulo de Jesús, debe tomar su cruz y seguirle. Confiar en que en Jesús vencerás porque te entiende.

Alma: Piensa en el principio de la intención positiva. Este principio pertenece a Virginia Satir, psiquiatra, y dice que detrás de las acciones de todo ser humano hay una intención positiva. Seguir siendo optimista y positivos por encima de las circunstancias porque tu propósito de vida y la voluntad de Dios para tu vida va por encima de cualquier circunstancia que puedas experimentar. Dios es más grande que todo y nunca te abandonará.

Cuerpo: No ser indiferentes; podemos responder al que nos hirió cuando intente acercarse a nosotros.

Gozo

Espíritu: Seguir adorando y alabando a Dios por encima de todo ya que el gozo no es un mero estado emocional cambiante y pasajero, sino que es no detener las acciones espirituales por que se viva.

Alma: Pensamientos y sentimientos cautivos por Jesús, teniendo y desarrollando la mente de Cristo, mientras piensas, ¿Qué haría Jesús? Él manifestó gozo camino al calvario, mientras cargaba la cruz. Su sufrimiento no detuvo su acción espiritual, porque por amor a nosotros y el propósito que sabía se estaba cumpliendo, nunca perdió el gozo.

Cuerpo: Actividades que promuevan confianza en medio de la

circunstancia. Jesús a pesar del dolor, corona de espinas y látigos siguió caminando a la cruz porque eso nos daría la libertad y salvación eterna.

Paz

Espíritu: Mantener la calma en medio de cualquier circunstancia. En todo momento confiar porque tu provisión, protección, sanidad, restauración y salvación viene de Dios.

Alma: Pensar en que todo me ayudará para un bien porque amo a Dios.

Cuerpo: Nosotros podemos ayudar a nuestro cuerpo a manifestar paz a través de la actividad física. El cuerpo humano, ya sea por estímulos internos o externos, genera estrés (peligro real o imaginario) lo cual activa la respuesta de lucha o huida. Debido a esto, hormonalmente se segrega el cortisol, que prepara al cuerpo a reaccionar ante ese estímulo. Comienza la taquicardia para bombear sangre a las partes del cuerpo que necesitan la energía para reaccionar y nuestra materia gris, en momentos, queda afectada. Debemos realizar actividad física para generar endorfinas que contrarresten hormonalmente la segregación de cortisol y así corporalmente experimentar paz.

Fidelidad

Espíritu: Debemos cumplir nuestra palabra y no defraudar la confianza depositada en nosotros de parte de Dios. Si decimos que le amamos debemos buscarle, acercarnos, ser fiel y obedecer. En la obediencia hay fidelidad.

Alma: Nuestros pensamientos deben ir dirigidos hacia el deseo y la intención de mantener constancia en cumplir nuestra palabra.

Cuerpo: Nuestras acciones deben ir dirigidas con lo que pensamos y decimos. Todo lo que muestre fidelidad a Dios, a nosotros y nuestro prójimo.

Humildad

Espíritu: No podemos creernos más que los demás por posición, títulos, acciones. Debemos mantener espíritu de siervo porque nada merecemos y todo es por gracia y favor de Dios. En Santiago capítulo 2 habla acerca del favoritismo del cual debemos cuidarnos.

Alma: Debemos cuidarnos de con nuestras palabras menospreciar a otros y cometer bullying espiritual, mental y emocional por la capacidad de las personas, procesos o mecanismos de afrontar problemas.

Cuerpo: Saludar a todos, cuidar nuestra mirada y gestos que no den lugar a intimidar por falta de humildad.

Dominio propio

Espíritu: Dios nos capacita con un poder para vencer. Meditar en los ejemplos bíblicos de cómo dominaron su carnalidad para vencer de manera espiritual.

Alma: Rodearnos, ver y escuchar cosas que me edifiquen y aporten al dominio propio. Eliminar distracciones, enfocar en las cosas correctas que aporten al propósito y llamado de Dios.

Cuerpo: Ser proactivo, realizar acciones que aporten y beneficien para llegar a la meta. Sustituir hábitos insanos que no aporten para así lograr la voluntad divina.

En resumen, para lograr una salud holística debemos aprender a autocuidarnos de manera holística. Como seres humanos debemos ayudarnos, sin menospreciarnos. Como cristianos somos un cuerpo para ayudarnos el uno al otros y edificarnos, no para entrar en competencia. Queremos que cuando Jesús venga a buscarnos pueda encontrarnos irreprochables.

Para mí el versículo de 1 Tesalonicenses 5:23 "Y el mismo Dios de paz os santifique por completo; y todo vuestro ser, espíritu, alma y cuerpo sea guardado irreprensible para la venida de nuestro Señor Jesucristo" es un recordatorio de que rendiremos cuenta a Dios por todo lo que hacemos mientras estamos en la tierra.

En el Antiguo Pacto, la santificación iba más dirigida a rituales, objetos y lugares, donde se manifestaba la presencia de Dios y no todos podían entrar porque podían ver la muerte. Ahora en el Nuevo Pacto con el acceso a través de Cristo la santidad va más con acciones hacia otros y podemos cargarla en nosotros. Ya que somos el templo viviente de Dios. Lo que correspondía a los templos, comidas, vestimenta ahora lo practicamos nosotros a través de nuestra vida entera. La única forma de adorar a Dios es en santidad, por tanto, debe haber arrepentimiento de pecados para purificación con la sangre de Cristo y en santidad acercarnos a la presencia del Padre.

Al mantener diariamente una actitud de arrepentimiento, andamos de manera santa y separada porque la sangre de Cristo nos limpia de todo mal. La presencia de Dios santifica. El Espíritu Santo es limpio, puro y santo. Por tanto, si tratamos mal al templo, es como si le dijéramos a Dios "no quiero tu presencia en mi vida". La santificación completa la hará Dios en el día final. ¿Pero que nos corresponde a nosotros, en la espera de ese día? ¿Actuamos nosotros en contra de la santificación tratando mal o maltratando nuestro espíritu, alma y cuerpo?

Pido perdón a Dios por cada pecado cometido y por todas las veces que posiblemente falle. Solo quiero acercarme más y más a Él para que me ayude y siga trabajando en mí. Esa es la actitud que cada día debemos tener, acercarnos como sacrificio vivo, santo y agradable que es el verdadero culto que podemos ofrecer. Entregar todo nuestro ser como dice en Romanos 12:1 para que Él haga conforme a su voluntad.

"DIOS SIGUE PURIFICANDO con tu fuego, conforme a tu voluntad, por más que duela, haz con nosotros como tu quieras".

REFERENCIAS BIBLIOGRÁFICAS

Asociación Americana de Psiquiatría. *Guía de consulta de los criterios diagnósticos del DSM 5. Arlington,*VA., Asociación Americana de Psiquiatría, 2013.

Diplomado de Inteligencia emocional en Aprende Institute Abril (2022).

Gary Thibodeau & Kevin Patton. (2007). *Anatomía y fisiología*. Elservier: España.

Linda Eby & Nancy J. Brown. (2009). *Cuidados de enfermería en salud mental.* PEARSON EDUCACIÓN, S.A.,Ribera de Loira 28.

Organización mundial de la salud (2022). Recuperado en 6 de julio de 2022. Sitio Web: https://www.who.int/es/about/frequently-asked-questions

Priscilla Le Mone & Karen Burke. (2009). *Enfermería médico quirúrgico*, pensamiento crítico en la asistencia del paciente. Person Education, S.A., Madrid.

Secretaria auxiliar del Departamento de salud. (2017). *Informe de enfermedades crónicas*. Recuperado el 4 de mayo de 2022. Sitio Web: https://www.salud.gov.pr/CMS/DOWNLOAD/5533

Correo electrónico: autocuidadobiblico@gmail.com

ACERCA DEL AUTOR
NATHALEE TORRES

Desde muy temprano en mi vida, cuando apenas tenía cinco años, comencé a practicar deportes, específicamente el voleibol. Durante aquellos años y mientras maduraba y crecía, sufrí muchas necesidades económicas, físicas, psicológicas, y hasta espirituales. A raíz de estas experiencias, se despertó en mí un espíritu luchador y competitivo. Un día, a mis dieciséis años, tuve un encuentro con Jesús en la que fue mi escuela, la Academia Discípulos de Cristo. En la misma Academia, recibí beca deportiva por voleibol en décimo grado y comenzaron mis inicios y primeros diez años de formación cristiana dentro del concilio de la Iglesia del Nazareno en Puerto Rico. Posteriormente, en grado once, tuve una maestra apasionada por lo que enseñaba y me enamoré de ser maestra de educación cristiana, pero ella me aconsejaba que estudiara de manera secular, porque estaba convencida de que Dios me iba a usar en ese ámbito también; en aquel momento no entendía la razón. Más adelante, en una conversación que tuve con un hermano en la fe, decidí estudiar enfermería. En aquel momento, en mi mente no cabía la posibilidad de llevarlo a cabo, ya que el conocimiento que tenía acerca de la profesión era muy vago y tenía ciertos prejuicios que no me permitían entrar de lleno. Pero luego de un tiempo en que lo reflexioné y medité gracias a la persona con la que hablé, tomé la decisión y me lancé. Resultó ser que las tres carreras que quería estudiar desde pequeña, seguían de alguna manera un mismo enfoque: educar. Con el tiempo noté que se trataba de una educación con enfoque holístico puesto que cada una de las profesiones a las que había aspirado, terminaban por trabajar una parte importante dentro del funcionamiento del ser humano:

espíritu, alma y cuerpo. Para el año 2017 , terminé el grado asociado en medio del huracán María y el bachillerato en medio de la pandemia por el covid-19 recién comenzado el 2020. Mi deseo de enseñar sobre cómo estar saludable y vivir una buena calidad de vida, seguía latente. Para completar mi enseñanza de autocuidado espiritual, mental y físico, estudié un Diplomado de Inteligencia Emocional de *Aprende Institute*. Este diplomado ha sido de gran bendición para mi vida. Posteriormente, si Dios permite y está en su voluntad, espero poder culminar la maestría en *Family Nurse Practitioner*.

Actualmente, me congrego en la Iglesia Casa de Transformación y Revolución de Rio Grande, PR con mi pastor Dr. Xionell Forty Gálvez. Espero en Dios seguir en formación para dar siempre lo mejor de mí y cuando llegue la hora del juicio final pueda decir ¡*Lo di todo!*

facebook.com/Nathalee%20Torres

instagram.com/Nathalee_Torres